L'art contemporain et son exposition (2)

Patrimoines et sociétés

Collection dirigée par Catherine Ballé, Elisabeth caillet, Françoise Dubost et Dominique Poulot

Cette collection présente les travaux de sciences humaines qui explorent le phénomène de patrimonialisation dans les sociétés contemporaines. A cet intérêt pour l'héritage artistique, culturel et naturel, la collection associe la réflexion sur la création contemporaine, patrimoine de demain.

Déjà parus

Stratégies pour l'action culturelle, 2004.
L'art contemporain et son exposition (1), 2003.
Politique et musées, 2002.
Le patrimoine à l'ère du document numérique, 2001.
Publics et projets culturels, un enjeu des musées en Europe, 2000.

Sous la direction de
ELISABETH CAILLET ET CATHERINE PERRET

L'art contemporain et son exposition (2)

L'HARMATTAN

5-7, rue de l'École-Polytechnique ; 75005 Paris
http://www.librairieharmattan.com
harmattan1@wanadoo.fr
diffusion.harmattan@wanadoo.fr

ISBN : 978-2-296-03929-2
EAN : 9782296039292

Sommaire

Les auteurs

Mieke Bal	Professeur à l'université d'Amsterdam
Christian Bernard	Directeur du MAMCO (Genève)
Elisabeth Caillet	Expert en médiation
Xavier Douroux	Directeur du Consortium (Dijon)
Elitza Dulguero	Chercheuse à l'université de Montréal
Thierry de Duve	Philosophe
Amar Lakel	Chercheur en sciences politiques
Nathalie Leleu	Chargée d'études au Centre de création industrielle du MAM
Renée Lévi	Artiste plasticienne
Eric Mangion	Directeur du FRAC PACA
Olivier Mosset	Artiste plasticien
Alfred Pacquement	Directeur du musée national d'art moderne, Paris
Dominique Païni	Directeur du développement culturel du Centre Georges Pompidou
Catherine Perret	Philosophe, professeur à l'université de Paris 10
Jean-Marc Poinsot	Professeur à l'Université Rennes 2
Thierry Raspail	Directeur du musée d'art contemporain de Lyon
Tristan Tremeau	Curateur, historien d'art

Le public n'existe pas

Mieke Bal

♦ Interférences

Que le musée – comme institution, comme matérialité et comme entreprise dans tous les sens du terme – fasse « du bruit », c'est-à-dire, cause des interférences qui troublent l'expérience esthétique « pure » des visiteurs : cela est tellement évident, inévitable, qu'il n'y a pas lieu de le déplorer. Une telle déploration témoignerait, d'ailleurs, d'une illusion puriste qui relève du désir, généralement attribué au modernisme vulgaire, de sevrer le lien qui lie l'art au domaine social qui seul peut le produire, le faire vivre, et même le nommer. Mieux vaut se demander quelles pourraient être les stratégies efficaces pour tourner cet état de fait en avantage. Car étant donné la socialité de l'art, les inévitables interférences font partie inaliénable de l'expérience de l'art[1].

La première parmi les conséquences évidentes de l'état « impur » de l'art exposé concerne non pas l'art même ni les objets qui le constituent, mais le public. C'est au public que je souhaite consacrer cet article. D'où mon titre : *le* public n'existe pas. La pluralité des visiteurs qui apportent chacun leurs bagages intellectuels, esthétiques, leurs humeurs, connaissances et attentes empêche la possibilité de s'adresser « au public » – si la chose était désirable. Ce n'est pas pour dire que l'individu et son -isme règne suprême, qu'au lieu du public, il faudrait parler des innombrables individus qui le constituent, car ce serait le moyen le plus sûr de réinstaller le singulier générique qui aplatit la réflexion[2]. Mais dans le cadre des contraintes sociales qui amènent certains à visiter les expositions et d'autres pas, disons qu'en règle générale les gens viennent, il faut le supposer, pour voir les choses qui sont là ; quelques-uns aimeraient apprendre des choses à leur sujet – impossible de

---

[1]Le présent article fait état de quelques travaux antérieurs, tant universitaire que pratiques, que j'ai entrepris sur la question posée par le colloque « L'art contemporain et son exposition. »
[2]Voir Bourdieu et Bardel (1966 ; 1969).

savoir quelles choses sinon en produisant leurs désirs – tandis que d'autres aimeraient qu'on les laisse tranquilles, pour avoir une expérience « esthétique » ou pour voir les choses « telles qu'elles sont. » Mais comme les choses ne sont aucunement « telles qu'elles sont », n'ont d'autre existence qu'encadrées dans une matérialité et une institutionnalité définies, on ne saurait subordonner le travail muséal à cette chimère.

Voilà que les problèmes surgissent : on sait que ce n'est pas possible, mais on ne sait pas trop ce qu'on peut faire à la place, tandis que le travail d'exposer reste nécessaire. On peut chercher à limiter et structurer « le bruit », les interférences, tenter d'en mitiger l'effet, voire la visibilité. Ainsi on renforcerait l'illusion de la transparence. Ou alors, on peut les agrandir, les rendre visibles, quitte à les pluraliser. Ainsi, la rencontre avec l'art deviendrait une rencontre au sens propre du terme. Voilà en toute simplicité, ce que je proposerais de faire. Contre l'illusion de transparence, en même temps contre le narcissisme des commissaires qu'on a vu dernièrement, où la présentation risque de prélever sur les objets, j'ai réfléchi pendant des années à ce qu'on pourrait faire *avec* les interférences comme médium[3]. En thématisant le « bruit, » j'ai rêvé d'une pratique de l'exposition qui cherche à mener de front une critique de la transparence et un dialogue activant avec les publics – au pluriel. Une telle pratique mettrait en avant, plutôt que de les cacher, les ressorts de la présentation des objets dans une cohérence artificielle, provisoire et, en même temps, indispensable.

J'ai trois choses à dire sur « le public/les publics» relevant de ce qu'on appelle d'une façon un peu grandiose, la théorie de l'exposition. La première concerne la raison pour laquelle l'adresse au public se complique par définition

---

[3]En ce qui concerne le narcissisme des commissaires, on peut penser aux exhibitions auteuristes des années 80 – voir la liste d'exemples que donne Andreas Huyssen (1993: 20), jusqu'à *Voici* de Thierry de Duve en 2000. Le goût ou l'amour de l'art de l'individu commissaire doit suffire. Evidemment, souvent ce goût est assez intéressant pour que l'exposition vaille la peine. Mais à l'encontre de cette disposition qui subordonne, encore, le public, il me semble valable de chercher d'autres alternatives.

en dialogue avec les publics (l'instance perlocutoire). La deuxième concerne la productivité potentielle du problème de l'institution et de ses « bruits » (le cadre). La troisième concerne le statut du visuel au-delà du visualisme, ou de l'essentialisme visuel (les média).

♦ La deuxième personne

Dans des études antérieures, publiées sous le titre *Double Exposures* (1996), j'ai entrepris d'analyser le « langage » du mur muséal : les effets signifiants de la juxtaposition des objets, des cartels explicatifs qui les accompagnent, voire de la disposition des salles par rapport à l'architecture la lumière, le parcours recommandé, encouragé, voire imposé, et au niveau le plus large, les effets de la division entre musées d'art et musées dits ethnographiques, historiques ou scientifiques.

Je me suis occupée, par exemple, d'étudier les contradictions, ou les tensions, dans un musée d'histoire naturelle, entre une vitrine comportant des objets d'art africains destinés à démontrer la riche pluralité des cultures, et un cartel spécifiant les conséquences politiques de cette même pluralité, maintenant présentée en termes d'instabilité dangereuse. Cette analyse était encadrée dans une réflexion de l'architecture urbaine autour de Central Park à New York, où une nette division de classes sociales sépare l'art africain « naturel » (a-historique et juxtaposé aux phénomènes du règne animal) de l'art européen, de l'autre côté du parc[4].

Dans une autre analyse, j'ai étudié les conséquences de l'architecture de la salle sur l'impressionnisme français dans le Metropolitan Museum of Art à New York. Là, par exemple, le placement au mur qui constitue la grande finale de l'itinéraire architecturalement préétabli, de *La femme au perroquet* de Courbet plutôt que le tableau homonyme de Manet, m'a semblé très significatif. Ce choix du tableau de

[4]Le Metropolitan Museum of Art abrite également des objets d'art africain, mais son statut dans ce musée-là est loin d'équivaloir celui de l'art Européen.

Courbet comme point culminant inscrit dans l'exposition une hiérarchie de type dit « homosocial » où le peintre plus âgé devient automatiquement le maître et l'autre, l'élève obéissant. Dans ce cas en question, où les deux œuvres portent la même date, une telle filière ne s'impose nullement. En outre, l'opposition systématique du Manet au Courbet, tant dans sa composition que dans son iconographie de la femme, suggérerait un rapport polémique plus qu'une acceptation admirative du modèle – si modèle il y a.

L'effet de l'architecture se prête à cette réitération du cliché sur la socialité spécifique des impressionnistes. Plusieurs salles disposées en enfilade se suivent, pour finir à un aboutissement quasi-religieux, où le Courbet occupe la place du chef-d'œuvre absolu. Mais ce n'est pas seulement le hasard de l'architecture qui génère cet effet. Les cartels montrent clairement que les conservateurs responsables de l'exposition, son agent expositoire, croient fermement que ce dispositif homo-social constitue la vérité historique des relations artistiques – et une autre vérité ne semble pas entrer en considération. Utilisant les quelques mots disponibles pour une anecdote futile, le cartel accompagnant le Manet n'ajoute strictement rien sur le tableau qu'il est censé servir. Il ne fait que renvoyer le visiteur au tableau suivant, le point culminant de l'exposition. De Manet, on a poussé à se hâter vers le Courbet. Quiconque connaît les deux tableaux en question voit tout de suite les implications de cet accrochage problématique.

Les analyses, a priori critique puisque telle est la mission de l'analyse, ne l'étaient pas toujours dans le sens usuel. Dans certains cas, les intermittences du travail collectif et de l'architecture du musée produisent des effets heureux inattendus et, peut-être, involontaires. C'était le cas, par exemple, à Berlin-Dahlem, d'une heureuse coïncidence qui n'existe plus depuis que le musée a été déplacé. L'accrochage de deux tableaux du Caravage, combinés avec une œuvre mineure (de Baglione) produisait une juxtaposition d'une efficacité sensuelle inusitée.

Il s'agit donc, a priori, *d'effets,* plutôt que de programmes et intentions. Le principe sur lequel mon analyse était basée, je l'avais tiré de la combinaison de la philosophie analytique et du mot-concept « exposition » en grec, *apo-deik-numai.* Ce dernier, verbe dans la fameuse voix moyenne que Roland Barthes chérissait, peut signifier l'action de rendre public ou publiquement démontrer ou alors, la présentation publique des opinions et jugements. Il peut aussi se référer à la performance d'actions qui méritent d'être rendues publiques.[5] J'en déduisis que l'exposition est un événement où quelqu'un rend quelque chose public, y compris les opinions et jugements du sujet exposant. Une exposition est donc par définition aussi une argumentation dont il s'agit de restaurer la situation énonciative à deux voix alternantes. En outre, exposition est aussi auto-exposition. Le geste expositoire est de nature doublement déictique : en montrant l'objet, on se montre car le doigt qui pointe est attaché à un corps, à une personne. C'est en vain que la boîte blanche fut mobilisée pour rendre ce corps invisible.

La performance par laquelle le sujet exposant se constitue « agent expositoire » est perlocutoire ; elle s'adresse à un destinataire, la « deuxième personne » grammaticale pour ainsi dire. La comparaison avec la grammaire n'est pas frivole ; c'est, du moins selon Benveniste, la langue qui manifeste très clairement que la personne n'est pas autonome. La première personne – celle qui parle en premier – doit être confirmée dans son autorité locutrice par la deuxième personne, le « tu » qui prend la parole à son tour pour qu'un dialogue s'instaure. Si l'exposition est une entreprise de communication, donc, l'objet n'est pas autonome non plus. Il est mis en exposition par une « première personne, » le commissaire que j'appelle agent expositoire. Du geste expositoire de ce dernier, l'objet est, justement, l'objet indiqué. Ce geste se réalise spécifiquement dans le temps et dans l'espace, dans une situation chronotopique qu'on peut nommer énonciative,

[5]Gregory Nagy, 1990 : 217-20.

même si la durée relativement longue d'une exposition permet que l'agent s'esquive, laissant l'objet chargé de parler en son nom.[6]

L'acte expositoire est donc, dans ce sens, acte de langage, efficace ou, dans le jargon de la philosophie analytique, performatif.[7] Lorsque cet aspect performatif du geste exécute surtout son aspect perlocutif – son effet sur la deuxième personne – il risque d'être objet de gêne car l'agent n'est pas disponible – pas directement, pas tout le temps – pour se constituer deuxième personne à son tour. Ce manque de disponibilité – qui dérive de son invisibilité – tronque le dialogue consistant en actes de nature diverse, tels que les affirmatifs mais aussi interrogatifs, mandatifs, et beaucoup d'autres. Donc, le discours expositoire se déguise en énoncé constatif, informatif, affirmatif, obscurcissant la façon dont il sollicite une autorité pour l'agent qui ne va pas de soi. Ce discours rend public moins des objets qu'un certain discours sur les objets – discours régi par les conventions, le plus souvent platement historique, vulgairement esthétique, monographique et monomane, souvent nationaliste. Mais, parmi les éléments de ce discours qui sont le plus frénétiquement défendus par l'agencement matériel de l'exposition, il est surtout question de la transparence illusoire du discours réaliste.

En contre-coup de l'exposition autoritaire, « à la troisième personne » pour ainsi dire, se situe l'exposition soi-disant post-moderne ou « post-muséale », pour utiliser le terme de la muséologue anglaise Eilean Hooper-Greenhill[8]. Mais ce type d'exposition ne déconstruit pas par définition

---

[6]Le terme de chronotope provient de l'œuvre de Mikhail Bakhtin (voir e.a. 1970). Sur la pertinence de Bakhtin pour l'analyse culturelle – qui est ici le paradigme dans lequel je me situe – voir Hirschkop and Shepherd (1989) Esther Peeren prépare une thèse de doctorat sur le chronotope comme base d'analyse pour la culture actuelle ainsi que ses manifestations dans les spectacles populaires, comme les séries télévisées.

[7]Pour une élaboration de l'acte de langage dans l'analyse culturelle au-delà du domaine restreint du langage, voir e.a. Judith Butler (1993 ; 1997).

[8]Voir en particulier son livre pertinent sur le musée comme élément de la culture visuelle (2000), que j'ai commenté dans un article sur l'état présent en « visual culture studies » (2003).

cette structure dictatorialement monologique. Car faute de bases théoriques satisfaisantes et de créativité de l'agent, l'exposition expérimentale qui évite les traits nommés plus haut, reste le plus souvent thématique. Et, si le thème choisi n'a pas de raison d'être théorique, il reste plat. Ce n'est pas inévitable. Exception notable : la série *Parti-Pris* organisé au Louvre par Régis Michel dans les années 90, où le thème avait une articulation théorique pertinente ; ou alors, *Inside the Visible* par Catherine de Zegher où le thème général – art de femmes – était articulé à travers des problématiques théoriques de l'esthétique. Ainsi, un thème potentiellement plat s'est tourné en thème émancipatoire du plus haut intérêt, et les artistes femmes, jusque-là plus ou moins ignorées, instituées maîtres de l'avant-garde[9].

Ainsi, on comparera deux expositions de l'année 2001 : *Rembrandt's Women* à la Royal Academy à Londres et *La peinture comme crime* au Louvre. Le premier patauge dans l'expertise de l'art comme miroir de l'expertise masculine qui « juge » la beauté de « la » femme[10]. L'agent expositoire, fût-il homme ou femme biographiquement, retenait l'autorité et le discours du réalisme historiquement connotés masculins[11]. Ainsi l'exposition crée une catégorie – « la femme chez Rembrandt » – que ni l'histoire de l'art ni l'artiste ne reconnaîtrait, et se constitue donc anachronique malgré elle. Elle se présente à la troisième personne – figure grammaticale qui cache mal son ancrage dans la première personne. Comme toujours, on apprécie l'occasion de voir ensemble des œuvres normalement séparées – j'y prends autant de plaisir que tout le monde – mais en même temps, l'effet perlocutif est culturellement nocif.

Par contre, *La peinture comme crime*, exposition organisée par Régis Michel, accomplit à la fois une critique de l'art et de ses institutions, c'est-à-dire une démonstration des aspects suspects et idéologiquement problématiques de ce qui est généralement pris comme « naturel » dans l'art,

[9]Voir le catalogue (de Zegher 1994).
[10]Voir mon article sur cette exposition (2002).
[11]De fait, le commissaire était Julia Lloyd Williams (2001).

une réflexion théorique, et l'exposition d'un groupe d'œuvres mutuellement éclairantes. La combinaison d'œuvres de qualité artistique indéniable et de cartels qui mettaient en avant ce que ces mêmes œuvres possèdent de troublant quand on les juxtapose, impose aux visiteurs la liberté de penser – de réfléchir, et de décider. La première exposition est volontairement condescendante vis-à-vis du public, la deuxième exigeante, analytique, innovatrice.

Tout en spécifiant le public selon une division sexuelle qui tourne tout le monde, homme ou femme, en clone du maître supposant avoir constitué son œuvre comme typologie de « la » femme, la première exposition traite le public comme unifié. La deuxième, par contre, le pluralise. L'instrument de cette pluralisation est la présence emphatique de la première personne, l'agent expositoire qui visiblement propose, sans imposer, pour que chaque visiteur dispose. Selon ce modèle on peut dire que l'acte d'exposer est une proposition qui requiert un acte de disposition[12].

La démarcation entre l'exposition thématique et celle plus ouvertement auteuriste n'est pas toujours claire. Les expositions auteuristes sont nettement et ouvertement « à la première personne, » proposant la narration sur l'art raconté par un maître du goût comme seul justificatif. En effet, sous sa guise auteuriste, ce type d'exposition se tourne en général en discours autobiographique, à la première personne, avec un degré variable de narcissisme. Certes, des commissaires comme Harald Szeemann ont des choses à dire, et ces choses concernent l'art tel qu'ils le voient. Si le commissaire est suffisamment exceptionnel, cela vaut certainement la peine. Mais ce n'est pas la même chose que de transformer fondamentalement le rapport entre l'art et ses publics à propos duquel rapport il est nécessaire qu'on s'occupe enfin sérieusement.

---

[12]Je joue, bien sûr, sur le jeu de ponctuation brechtien-lacanien, qui tourne « L'homme propose, Dieu dispose » en « l'homme propose : Dieu dispose ».

Car l'intérêt attiré à l'agent expositoire laisse en place le monologisme que ces deux types de discours on en commun. De Duve, par exemple, a beaucoup de choses à dire sur l'art, surtout sur un certain art conceptuel. Il dit aussi des choses sur l'art figuratif et, là il change d'orientation[13].

Attribuant à l'objet une agence d'adresse, à l'apparence la conception de De Duve s'apparente à la mienne – raison pour en dire deux mots. Car la différence est fondamentale. Lui, il parle de l'adresse, assignant à l'objet la seule voix, frappant le public – unifié, encore – de mutisme. En outre, l'adresse attribuée aux objets est dérivée de celle du commissaire. Le symptôme est la tentation de la thématique plus simple : l'objet devient la nature morte, avec ses objets *représentés* ; le discours « à la deuxième personne » devient le miroir, choix un peu trop littéraliste pour fonctionner. Mais le monologisme de *Voici* est encore plus ouvertement manifesté quand le discours des objets est articulé en termes dérivés de la doctrine chrétienne – apparition, incarnation, résurrection – qui réduisent non seulement les objets d'art exposés mais encore l'esthétique généralisée en christianisme exalté. Dans le monde actuel, c'est limiter la pertinence de l'art au-delà de l'acceptable.

Loin de moi de chercher à interpréter la « première personne » de cette exposition ; d'en faire un commissaire-missionnaire. Ce qui me préoccupe, c'est le monologisme même, plutôt que son contenu spécifique ; c'est le simple fait qu'il appelle ses trois thèmes bibliques des « vérités ». Cette dernière appellation se fait remarquer comme produit du premier. Autrement dit, seul là où l'agent expositoire, empruntant un discours à la première personne, s'attribue une autorité qui fait passer les objets comme véritables objets – donc, eux, présentés à la troisième personne – ce monologisme peut faire passer comme vérité universelle une

---

[13] Comme la contribution de Thierry de Duve au présent volume traite de son exposition, je renvoie les lecteurs à son article pour toute information sur ce cas, en supplément au catalogue (2000). Un volume d'articles sur *Voici,* dans lequel j'élabore mes objections contre certaines assertions de De Duve est actuellement sous presse (dir. Herman Parret).

conception (ici, religieuse) qui est en fait hautement spécifique, mono-culturelle et personnelle.

Par contre, la vraie « deuxième personne » de l'exposition, le soi-disant « public », n'a aucun intérêt à s'esquiver. Si nous concevons l'exposition comme un événement dont la position chronotopique n'est pas permanente puisque la situation énonciatrice ne peut pas l'être, la conséquence en est que l'événement se répète à chaque visite, à chaque acte de confrontation entre un visiteur et l'exposition. Répétition est à prendre dans le sens deleuzien, c'est-à-dire ne permettant pas l'identité entre les occurrences (Deleuze 1968). D'où l'impossibilité de parler *du* public, unifié, auquel l'exposition s'offrirait comme immuable, naturelle, et muette. Je ferai plus bas une petite démonstration de ce caractère non-unifié du public. D'abord, j'ai quelques mots à dire sur le deuxième aspect de la pluralité du public, due à l'encadrement.

♦ Pratique de l'encadrement

Venant de ce point de vue critique intellectuel, je me suis trouvée toujours un peu bouche bée devant les objections des professionnels du musée qui me faisaient remarquer que c'est un peu facile de mener une critique purement intellectuelle sans tenir compte des facteurs matériels, pratiques et économiques qui limitent les possibilités. Depuis, j'ai eu l'occasion de monter une exposition moi-même, et j'en ai tiré énormément profit. Il importait surtout d'apprendre à connaître les possibilités d'effectuer une politique expositoire maximalisée avec des moyens restreints, et d'en mesurer les effets.

J'ai saisi l'occasion pour faire une exposition qui construirait un espace intellectuel, physique, matériel et esthétique où la pluralité du public pourrait se réaliser, et où la main de l'agent expositoire serait visible dans sa fonction déictique, sans se constituer en objet de contemplation ni comme autorité détenant la vérité. Plutôt, l'agent serait la première personne initiant l'échange, échangeant des positions avec les individus occupant la place de la deuxième personne initiale. Le concept théorique autour et à travers lequel j'avais pensé la situation concrète « bruitante » était ce qu'on indique communément comme « framing, » mal traduit en français par cadre, encadrer, cadrage. Vous voyez ce que je veux dire : ce que Derrida a mis sur le tapis dans *La vérité en peinture*.

La critique du public unifié s'est alliée de la sorte à la critique de l'institution. Il s'agit des conditions sous lesquelles, dans lesquelles, on communique des signes ; qui en déterminent et limitent les possibilités signifiantes. Ce cadre participe à la construction de l'espace-temps, le chronotope dans lequel chaque visiteur se trouve confronté aux œuvres exposées. Ces conditions sont un mélange des sens négatifs et positifs, constructifs, et des cadres matériaux, institutionnels et idéologiques en même temps. J'ai voulu faire de ce mélange une partie du geste visible, volontaire. Ce faisant, j'ai cherché à surmonter un petit peu la séparation entre études empiriques, historiques et analytiques qui divisent les études dans le domaine culturel.

En voulant sortir des cadres fixes, je me suis d'abord interrogée sur la question suivante : quelles sont les lois sous-jacentes à la pratique expositoire ? Je ne parle pas des paramètres matériels, financiers, institutionnels, que je ne connais pas et qui ne me concernent pas mais des lois sous-jacentes à ce que, comme spectateur venu *volontairement* au musée, je perçois comme m'*étant données*. Donné, au double sens du mot, car la présentation est telle, en général, que je ne la perçois pas, que je ne m'imagine pas qu'elle aurait pu être différente de ce qu'elle est. Etant données, donc, les lois suivantes :

Historique : *l'information* – dates, événements – semblent inévitablement encadrer la présentation *visuelle*. Les objets sont ainsi soumis à un déterminisme inavoué.

Biographique, monographique : la personne de l'artiste constitue le principe unificateur même lorsque l'exposition ne montre qu'une sélection réduite de cette œuvre, même si d'autres objets l'accompagnent.

Esthétique : l'accrochage interfère avec l'esthétique des objets. Au musée où j'ai fait ma petite expérience, par exemple, les tendances conjointes à alterner l'horizontal et le vertical, et à respecter un espacement prédéterminé, constituent une esthétique tellement « naturelle » que les visiteurs s'y sentent à l'aise, tout comme on se sent bien dans une pièce avec un joli papier pas trop voyant au mur, et des meubles de style neutre. En conséquence, on ne regarde pas trop les tableaux, car on s'y sent déjà bien. Le paradoxe est que l'agrément de la salle ruine l'art qui s'y trouve exposé.

Thématique : dans la mesure où l'exposition thématique a été un peu l'alternative officielle et unique, je tiens à mettre en garde contre la réification des thèmes et la réitération du même qu'entraîne l'organisation thématique.

Ces lois conspirent à neutraliser, voire naturaliser l'exposition. Le fait d'être à l'aise empêche l'acte de voir.

Pour les libérer de cette tutelle, il me paraît donc essentiel de « rééduquer » ou plutôt, et en référence au mot nietzschéen de « dressage » évoqué par Régis Michel, « déséduquer » les publics pour que chaque visiteur assume l'acte de regarder, sans parti-pris de la part du musée concernant la façon dont cet acte se performe, de procéder à une sorte d'aliénation des publics par rapport à ces lois naturalisées. Deux nécessités absolues se présentèrent à la suite :

Rompre avec la centralisation du *savoir*, le *cloning,* du moulage du visiteur sur l'image de soi du conservateur – avant tout, site du savoir – ou commissaire – avant tout, source d'une esthétique. Ce n'est pas un plaidoyer pour l'ignorance ni du mépris pour le savoir que je cherche à implémenter. Je reconnais l'importance du savoir, même si le genre de savoir cultivé au sein des musées est sujet à discussion. Mais il n'y a pas de raison évidente pour laquelle le savoir qui sous-tend la conservation et la catégorisation des œuvres doive nécessairement aussi sous-tendre l'organisation de la présentation de celles-ci au public. Le public n'est pas un clone du conservateur ou commissaire.

Abandonner *l'unité,* c'est-à-dire l'idée préconçue que l'exposition doit être organisée autour ou, sur la base, d'un concept unitaire, qu'elle doit être unifiée.

Si l'esthétique prédominante est basée sur l'unification de l'espace expositoire, je m'engagerais donc à déstabiliser cette unité.

Est-ce possible ? Voici un exemple expérimental. Soit, le cas échéant, ce tableau [fig. 1]. Premier point : pour désapprendre l'habitude des grandes expos-spectacles, pour réapprendre à regarder, je proposerais le modèle de la mini-expo. Un tableau, une salle, une œuvre mineure. Début du 17e siècle, peintre peu connu qui a laissé cinq ou six tableaux, dont deux seulement dépassent la routine artisanale, pour des raisons peu claires d'ailleurs. Impossible, donc, de faire une exposition monographique. Faut-il pour autant le négliger, priver les publics de ce tableau ? Il ne s'agit pas de dire la « vérité » à son sujet. Plus important, il s'agit de savoir comment peut-on le réveiller de son sommeil ? Peintre ambitieux sans être génial, me disait l'œuvre ; représentation intrigante d'une Judith après l'acte, remarquablement statique et dont les qualités pertinentes ne sont pas celles qu'on pense. Nouvelle acquisition du musée Boijmans van Beuningen à Rotterdam, il fallait le présenter[14].

Mon but primaire était que les gens passent du temps avec lui ; de n'importe quelle façon ; cela *les regarde*, pour recycler un jeu de mot pertinent de Georges Didi-Hubermann. Le moyen : dé-naturaliser, donc, dé-esthétiser, désunifier. Voici la salle, un peu désordonnée : le tableau de Sweelinck sur fond rouge-sang, puisqu'il s'agissait d'une décapitation, mais jurant avec le rouge de la robe de Judith [fig. 2]. Autour de lui, plutôt que de choisir un principe organisateur unifiant, j'avais *exposé* dans le sens non seulement de présentation mais de mise à nu, un nombre de possibilités, de *cadres*, dans le sens derridien du mot. Je voulais que le tableau s'étende au-delà de son cadre, et que

[14]Pour une analyse détaillée de cette exposition expérimentale, voir Bal (2002).

les gens le voient à partir des cadres qui leur plaisent. J'attire votre attention, par exemple, sur la vitrine avec de la vaisselle, dont les objets comportaient des représentations en bas-relief de l'histoire de Judith, d'Esther, de Dalilah. Un mélange de média, y compris une intégration du dessin ; de catégories, de « niveaux » ou statuts culturels.

A gauche, d'autres œuvres acquises dans le passé récent. Cela montrait le « goût » du conservateur, la spécialité du musée. A droite derrière, une série de portraits de femmes. Ce « cadre » attirait l'attention sur le fait que les deux femmes dans le tableau se ressemblent, et qu'elles ont des traits faciaux bien remarquables. Au visiteur de rêve, si cela lui dit. A droite, encore, une petite série d'œuvres thématiquement liées, c'est-à-dire, sur des rapports de force entre les sexes, mais pas toutes sur des femmes meurtrières, « castratrices ». Une Lucrétia, victime mythique, à côté d'une tentative de viol par un faune, à côté d'un Joseph et la femme de Potiphar, et d'autres. Thématique, donc, mais dynamique ; un dialogue entre différents aspects et versions d'un thème, plutôt que la répétition du même.

Derrière l'écran central, un petit cabinet d'arts graphiques, où l'accrochage était à la fois « laid » et intime. Une paroi avec des scènes bibliques, concentrées autour du thème de la représentation de corps en interaction. Cette fois, donc, un thème non pas sémantique mais de sémiotique visuelle. A gauche, des démembrements, en particulier, des décapitations, dont voici un exemple. Il s'agissait d'évoquer des questions du genre « un corps sans tête, est-ce encore une personne ? » Alternativement, et avec Kristeva dans *Visions capitales,* j'ai voulu suggérer une relation profonde entre la décapitation comme thème et le portrait comme genre, comme questionnement sémiotique de la représentation visuelle. J'avais une raison « locale », inspirée par le tableau lui-même, pour cette suggestion.

Sur l'écran central, je voulais à la fois bien montrer, donc, centraliser le tableau de Sweelinck et l'*éclater*, le faire exploser en ses fragments, en les agrandissant pour ainsi dire. A sa gauche, deux œuvres qui mettaient en relief la nature morte, en bas, et la promesse d'intimité de la scène domestique, en haut. A droite, en haut un paysage, en bas le seul autre tableau du même peintre tant soit peu intéressant, un portrait de son frère. Imaginez-vous ce frère, plus célèbre que le peintre, car il était le compositeur Sweelinck, très à la mode. A côté de lui, Holopherne, peint avec amour, mais bien mort. Même début de calvitie sur le front, même nez cassé.

Le thème du portrait, mis en avant sur la paroi droite du cabinet d'estampes, était repris sur le revers de l'écran, où j'avais accroché, comme une pensée de la dernière minute – comme s'il n'y avait pas assez de place sur la paroi en question – cette esquisse-autoportrait du même artiste [fig. 3]. Après l'association entre le frère et la victime, celle entre l'artiste et l'héroïne, explication possible des traits du visage remarquables de celle-ci, fut offerte comme une possibilité. Même joues longues, sourcils arqués, les yeux bien creux.

Aucun cartel n'imposait ces associations-là, qui allaient de la thématique aux genres, des dispositifs esthétiques aux associations psychanalytiques. Par contre, les différents cadres étaient indiqués, parfois avec des cartels extensifs, parfois minimalement. La vaisselle, par exemple, était bien expliquée ; mais pour les parois de dessins et gravures, très peu d'information. Ainsi je cherchais à dénaturaliser l'institution du cartel même, pour qu'on lise ceux qui étaient là.

Mon but, je l'ai dit, était de faire en sorte que les gens passent du temps dans la salle. Qu'on ait une certaine liberté de choisir les cadres pertinents. Qu'on soit confus et désorienté, mais sans que l'exposition sollicite le rejet.[15] Pour tout dire, j'ai tenu compte, et je pense qu'on le doit, des habitudes des publics, bien entraînés, voire, endoctrinés qu'ils doivent l'être par les pratiques muséales si fermement

[15]C'est Régis Michel qui m'avait mise en garde contre ce risque, et je lui en sais gré.

ancrées dans notre culture. Tenir compte n'est pas perpétuer ; on peut respecter et critiquer à la fois. Oui, il y avait des considérations et des informations historiques ; oui, il y était question de l'artiste ; oui, le thème, l'esthétique, l'artisanat, tout était là. Mais de tout cela, offert comme guides possibles, rien n'allait de soi. En reconnaissance de quoi *il n'y avait pas d'itinéraire.* Une salle rectangulaire, un passage de transition, mais tout était fait pour que l'on tourne en rond.

♦ L'exposition comme traduction

Le dernier terme dont je voudrais souligner la pertinence est l'idée que l'exposition est une forme de traduction. Traduction : conduire à travers, passer outre, de l'autre côté d'une division ou d'une différence. Si cette paraphrase de l'idée de traduction vous paraît acceptable, j'aimerais vous en proposer quelques conséquences.

La première, c'est un principe de « dissipation ». Dès qu'on entreprend de tra-duire, il n'est pas question que la chose traduite reste dans un « duct », un conduit ; elle s'accroche à droite et à gauche, engageant des relations non pas avec une seule « destinée » mais inévitablement avec plusieurs. Cet aspect rejoint la problématique de l'encadrement. Aussi, elle laisse derrière des éléments de soi ; d'où le sens qu'une traduction est toujours appauvrissante. J'aimerais voir ce qu'on peut tirer de positif, d'enrichissant, d'une telle idée « dissipative » de traduction en prenant l'art visuel comme terrain d'expérimentation.

La deuxième conséquence tient au fait que la traduction « traverse » un abîme, une différence irréductible entre l'objet-source et l'objet destiné. La préposition « trans », impliquée dans le mot traduction, est tout aussi décevante que le nom « ducte ». Car même si la traduction effectue le passage, elle ne pourra jamais vraiment faire le pont. L'abîme reste en place, et dans le meilleur des cas, la traduction – le résultat de l'acte de traduire – en manifeste les cicatrices.

Il existe un para-synonyme de ce mot d'origine latine, provenant du grec celui-ci : métaphore. Les nuances diffèrent : littéralement, métaphore remonte à « porter outre » ; transfert plutôt que traduction. Psychanalytiquement parlant, ceci entraîne la problématique de l'identification hallucinatoire. Mais les mots sont assez proches pour se risquer à les décomposer. Le nom métaphore suggère que l'on porte la mise en avant de la position de la deuxième personne ainsi que l'encadrement comme interférence, à outrance. Cet extrémisme provisoire m'arrange car j'aimerais souligner qu'aucune limite ne s'impose des limites à ce qu'une exposition peut suggérer à ses publics dans le domaine intégré de l'affectif et du cognitif.

Il y a deux sens de « traduction » que je laisserai de côté dans l'application du terme à l'exposition, quitte à en évoquer d'abord une certaine pertinence. Les deux me paraissent un peu trop évidents. D'abord, la traduction dans l'usage le plus courant du mot, de passage ou transfert d'une langue à l'autre. L'exposition est bien une traduction d'un langage visuel à un langage intellectuel et esthétique, mais sa nature traductrice n'est pas vraiment là. Question premièrement de linguistique, il ne faudra pas pourtant sous-estimer son importance plus générale comme mise en scène d'une problématique du sujet – qui parle, dans une traduction? – du contexte – où se trouve le texte traduit? – du moment, et du langage figuratif – comment traduire une métaphore? Le titre d'un volume bien connu sur la question, *Siting Translation* joue sur la continuité de considérations de langue – citation –, de localisation – situation – et de spectacularisation – « voir » la traduction.

Le deuxième sens de la traduction que je laisserai de côté est celui de la traduction intermédiale. Quand on réfléchit à la question des rapports complexes et problématiques entre mots et images, on finit facilement par se retrancher sur une position défensive. Le champ se divise. D'un côté se retranchent les historiens de l'art qui se réclament de la visualité de l'image pour interdire l'accès aux littéraires sous prétexte de purification. De l'autre côté se trouvent les pratiquants désabusés qui n'y croient rien, à cette pureté visuelle, et en profitent pour utiliser, abuser l'image comme illustration d'un discours qui ne la concerne pas. Cette problématique, sur laquelle j'ai écrit ailleurs, ne m'intéresse pas aujourd'hui. Elle joue son rôle, car on ne saurait enlever aux œuvres d'art visuel jusqu'au titre que leur a donné l'artiste, et par lequel on les exhibe, les catégorise et les préserve. Les cartels explicatifs se chargent de mettre cette traduction en avant, fût-ce sous forme minimale. Mais quand on se rend compte de la dépendance de nombreux visiteurs habitués à ne pas regarder sans la leçon de l'autorité affirmative, on ne saurait éliminer ce sens de la traduction complètement.

Je laisse de côté ces deux sens « primaires » pour mieux mettre en valeur, contre la monomanie qui les rend moins bien faits pour un débat de la traduction *de*, ou *dans*, ou *par* l'art visuel, la multiplicité de principe et de fait de toute notion et pratique de traduction. La traduction est toujours multiple, elle est toujours métaphore et elle est toujours activité. L'exposition comme traduction d'une collection d'objets en événement sémiotique se caractérise par les aspects nommés : dissipée et clivée, elle se signe des cicatrices de l'impossibilité d'unifier dans un discours expositoire ce qui n'est pas réductible au « concept. »

En effet, le mot « métaphore » peut être entendu comme un verbe, décliné à la troisième personne du singulier, mais dans un sens pluriel. Le verbe signifie traduction. Je l'utilise ici pour marquer la pluralité de principe de toute traduction, pluralité que le terme de métaphore, dans sa conception dualiste, commence à suggérer. Le néologisme du verbe sert à garder à l'esprit la pluralité beaucoup plus poussée que cette conception rhétorique. En Grèce, on voit le mot métaphore sur les camions de déménagement. Cette occurrence littérale plairait, j'imagine, à de nombreux artistes dont les oeuvres abandonnent leurs cohérences particulières quand elles sont, littéralement, *traduites* à travers une multiplicité de styles, de média, de sujets, de dimensions et de matériaux, dans un jeu de métaphores qu'est l'exposition non-unifiée.

Traduction dans le sens de transfert, échange, passage, entre passé et présent, langage et image, forme et signification. Passage et échange entre styles, sexes, média. Dans ce sens, toute expression artistique, toute oeuvre d'art, est un acte de traduction multiple. Cet acte ne peut se réaliser dans une performance publique que lorsque le public récupère sa part de parole ; lorsque le visiteur est mis en avant, encouragé à proposer sa version particulière de la performance, y compris de la théâtralité qui est inhérente à cette action, de l'engagement avec les objets exposés.

♦ L'autre côté des publics

Et voici qu'un nouveau défi se présente. Comment changer les us et coutumes d'un public qui, après un entraînement culturel de l'exposition monologique, ne croit plus à l'intérêt, ses capacités, ou même la *propreté* – sens derridien, encore ! – de ses initiatives. Le public anesthésié, accroc du cartel et peureux de l'œuvre, comment le recycler ? Dernièrement, je me suis vouée à une deuxième expérimentation. Afin d'explorer les possibilités de mettre en place une culture de l'attention à l'objet, j'ai expérimenté avec la vidéo, en vue de ce médium le plus « démocratique » qu'est la télévision.

Durant le premier semestre de 2002 j'ai composé une série de neuf vidéos, de six minutes et demi, chacune consacrée à une œuvre singulière (avec deux exceptions où deux œuvres liées étaient comparées.) Mon but était de faire voir les personnes qui, pour des raisons qui sont les leurs, ont voulu engager une œuvre d'art, en parler, communiquer avec elle et faire état de leurs idées et émotions. J'ai choisi des œuvres contemporaines (six) et anciennes (trois), figuratives (six) et non-figuratives (trois), des peintures (sept) et des sculptures (deux.) Les trois œuvres anciennes furent sélectionnées dans un seul musée (pour des raisons pratiques) et les œuvres contemporaines dans des galeries (cinq) et un musée (une).

La série d'œuvres garde un brin d'arbitraire. Il s'agissait de présenter une certaine variété, mais le médium et les fonds posaient des limites. A partir des conversations, chaque vidéo a reçu un titre qui rend compte de la façon dont l'œuvre semblait solliciter ses spectateurs. Un « thème » théorique, indiquant une façon spécifique de voir, émergeait des énoncés des personnes impliquées. Pour deux portraits de vieillards par Rembrandt, par exemple, le thème devint « Paysages du visage. » Pour une peinture abstraite de David Reed, « Regarder avec le corps ». Pour un tableau baroque où un Christ en colère menace une vieille femme, sept personnes parlant à partir d'une éducation dans sept dénominations religieuses différentes, le titre qui émergea fut « Chacun son histoire ». Une sculpture gigantesque mais qui refuse le monumental, gagna le titre intraduisible car polyvalent de « Moving Still ».

De cette série, je présente ici un échantillon. Vous n'y verrez pas d'exposition – j'expose, ici, le public. Vous remarquerez l'intimité de l'engagement avec l'œuvre ; la pluralité des voix et de leurs énoncés ; les cadres différents que les personnes apportent. Mais surtout, j'espère vous persuader du paradoxe, si l'on peut dire, d'une historicité qui n'a aucun rapport avec la facture de l'objet. Aussi, l'activité de la caméra fait partie du discours analytique, qui agit ici comme agent expositoire.

Afin de mettre en avant la pluralité des publics, j'ai choisi mes « experts » parmi les âges et groupes professionnels les plus divers. Dans d'autres vidéos de la série, j'ai invité un médecin retraité, une élève de lycée, un malade, un administrateur, une stagiaire, un bibliothécaire, une restauratrice de bâtiments, un chauffeur de taxi, et j'en passe. Dans la vidéo que je présente ici, les personnes que les spectateurs peuvent voir et entendre sont des professionnels mais, à une exception près, pas du domaine de l'art : une secrétaire, une architecte, un cadre administratif supérieur avec une formation littéraire, et une historienne de l'art. A l'exception de l'historienne de l'art dans celle-ci, j'ai évité les experts.

La vidéo en question présente un tableau contemporain exposé dans un domicile privé. Le tableau, *The Woman of Algiers,* par la peintre néerlandaise d'origine sud-africaine Marlene Dumas, était mal accroché dans une cage d'escalier. Il s'agit, bien sûr, d'une situation simple : une œuvre d'art, aisément estimée chef-d'œuvre si l'on aime ce type d'évaluation, qui, en outre, en tant que peinture, relève de la catégorie la plus classique de l'art en Occident. C'est que j'ai voulu éviter les questions bien connues et urgentes qu'aurait évoquées un objet moins « classique ».

J'ai invité un petit groupe de personnes à venir à la maison du propriétaire à une heure déterminée. Je n'ai pas dit de quelle œuvre il s'agissait, seulement que je les invitais à parler d'une œuvre d'art. Au moment de l'enregistrement, je n'ai posé aucune question aux invitées, à qui j'ai simplement demandé de réagir à l'œuvre. Aucune d'elles n'avait vu l'œuvre avant, et une seulement connaissait un peu l'œuvre de l'artiste.

Le concept de la série dont ce programme fait partie, est le suivant. Comme je l'ai dit, en tant qu'agent expositoire, j'ai voulu exposer le public. C'est-à-dire j'ai voulu entamer la discussion de l'art au moment où les rôles entre première et deuxième personne sont inversés. J'ai voulu offrir à l'œuvre des spectateurs engagés, prenant leur temps, articulant ce qui les meut. Mais en tant qu'agent expositoire, mon vrai public est ailleurs. J'ai essayé d'offrir aux spectateurs du programme télévisé que j'envisage, des possibilités d'identification plutôt qu'une source de connaissances. J'ai voulu montrer – dans le triple sens du verbe ! – l'œuvre encadrée non pas par l'institution du musée ni par l'inévitable chronologie, mais par sa *situation d'énonciation*.

Clairement, la peinture sollicitait les quatre femmes invitées. Je les exposais à l'œuvre sans préparation aucune, deux à la fois, dans le but d'encourager l'expression verbale de la conversation. La première paire réagissait très explicitement au caractère pénible de la situation dépeinte : une jeune fille nue tiraillée entre deux mains de militaires dont on ne voyait que les mains. Sur les seins et le sexe de la jeune fille des grosses barres noires censuraient la visibilité [fig. 4]. Une des femmes commence par dire : «C'est exactement ce que je ressens quand je suis à San Francisco ! Et pas du tout ici [à Los Angeles].» Et elle clarifie : « Il y a certaines villes où on se sent sexuellement impliqué, et d'autres pas du tout. » Cette femme, architecte, a réagi à la représentation – à la situation dépeinte – avec une sensibilité spatiale quant au rapport du corps à l'espace public où il se trouve.

Son interlocutrice fait une remarque sur la difficulté de voir, due à l'accrochage malhabile qui la force à regarder de bas en haut. Elle trouve le tableau, de ce fait, un peu intimidant. Serait-ce peut-être à cause de cette sensibilité à la hiérarchie de la hauteur qu'elle invoque, un peu plus tard, l'allégorie de la Justice avec sa balance ? Une troisième femme dit que la jeune fille paraît résignée à son arrestation et à son dénuement. Une quatrième dira le contraire. Pour elle, le poing fermé dans la main qui l'emprisonne suggère le défi de la révolte impuissante. La contradiction entre ces deux interprétations, toutes deux avancées avec conviction et passion, fut pour moi le moment capital de la production de la vidéo[16].

Si je peux me permettre de traduire mes trois termes théoriques, je le ferais en indiquant quelques moments de la vidéo comme exemples. Le premier terme concernait l'acte de langage, le dialogue, autrement dit, la « second-personhood » entre l'œuvre et les personnes engagées à la regarder[17]. Le triomphe de la *pluralité* du public, c'est le moment que je viens d'évoquer, où l'une des femmes dit que la figure est résignée, tandis que la suivante dit le contraire, c'est-à-dire que son poing signifie le défi. Le *dialogisme* entre l'agent expositoire et les visiteurs se manifeste, par identification interposée, aux moments où une des femmes dit qu'elle a de la difficulté à voir ce tableau d'en bas. L'effet de la situation matérielle est pertinent ; il met en avant la mesure dans laquelle les conditions matérielles font partie intégrante de l'œuvre exposée. L'encadrement ou *framing* ne se réduit pas à ces conditions matérielles, bien sûr. La femme qui entre dans l'espace artistique avec une identification totale et subite, parlant du sens et de la conscience qu'elle a de sa sexualité

---

[16]Il me semble inutile de décrire en détail les réactions des personnes impliquées. J'espère un jour avoir l'occasion de passer la série à la télévision.

[17]« Second-personhood » – terme intraduisible – se réfère à la dépendance fondamentale du chaque sujet par rapport à son autre. C'est précisément ce que De Duve ignore dans sa conception de l'adresse.

dans certaines villes et pas dans d'autres, montre l'importance de la subjectivité du spectateur pour tout acte de vision [fig. 5].

Vers la fin de l'enregistrement, une des femmes dit tout à coup qu'elle en a assez d'interpréter. Elle affirme que le tableau est avant tout peinture sur toile. Elle parle d'une confusion totale entre peinture, peau et toile. Cette remarque capte mieux que toute autre le trait le plus caractéristique de l'œuvre peinte de Dumas. On aurait pu la mettre sur un cartel. Mais l'importance qu'elle acquiert par le biais de la conversation prolongée, au sein de laquelle elle prend un sens qui renforce, plutôt que de contredire ou affaiblir la teneur politique de l'œuvre, cette importance-là se serait perdue.

Car cette femme qui dit qu'elle résiste, en fin de compte, l'acte de traduction qu'est l'interprétation, traduit ce que Jean-François Lyotard aurait appelé le *figural*. Elle se situe dans le régime où la distinction entre vision et parole s'auto-déconstruit[18]. D'une part, elle continue de parler, c'est-à-dire, d'articuler sa réaction au tableau et donc, de prendre à son compte la position de la première personne qui lui est due – et qu'elle doit à l'œuvre d'art ! – et par conséquent, inévitablement de traduire. D'autre part, elle arrête le privilège de la référence au profit du visuel quand elle commence à parler, un peu comme Proust, des petits pans de peinture. Cela aussi, c'est une forme de traduction.

Si l'on envisage *ensemble* – dans une conversation – les énoncés des quatre personnes, on ne sait plus trop bien où est la contradiction. Mais on ne saurait pas non plus s'en débarrasser ; ce serait dommage ! L'une se situe dans la position spatiale et sexuelle dont l'autre dit qu'elle repose dans une confusion de surfaces. L'une s'enthousiasme sur la force de la jeune fille dépeinte, l'autre déplore son impuissance, mais les deux entrent sur l'estrade et participent au drame qui se joue devant leurs yeux. C'est dans cette amorce de débat, dans ces contradictions

---

[18]Pour le concept du figural – ni linguistique, ni visuel, mais l'impossible de l'un inscrit dans l'autre, c'est-à-dire, affirmation de l'impureté des domaines sensoriels – voir Lyotard (1985).

possibles que se situe la force de la pluralité des publics ainsi que de la « second-personhood » de l'objet d'art.

Quelle peut être l'efficacité d'une telle vidéo, d'une telle exposition de l'art à travers ses publics ? Evidemment, j'ai conçu cette série dans un but à long terme. Je veux proposer une série justement, un programme qui expose les publics de la télévision, publics infiniment plus larges que ceux du musée, à la rencontre avec l'art, œuvre par œuvre. Etant de l'opinion qu'on a tout fait pour décourager les publics de regarder pour eux-mêmes, je me fais l'avocate de l'œuvre singulière. Je la fais engager par la caméra d'une façon maximalement valorisante. Dans le cas en question, les petits pans de peintures sont engagés un par un. L'œil couvert d'un film opaque, la bouche racialement ambiguë, les taches noires d'ombres derrière le bras et la jambe qui indiquent soit, comme dit l'un, la prise de la photo d'identité policière, l'autre, une deuxième prisonnière, début d'une longe file, tout cela passe par l'analyse visuelle dont la caméra (donc, l'opérateur) est le sujet. Participant à la conversation, la caméra montre ce que voient les personnes.

Car ce n'est pas pour isoler l'œuvre dans une splendide pureté esthétique, au contraire. Elle n'est ni la troisième personne de qui on parle, ni la première dont l'ancienne nouvelle critique croyait qu'elle *se disait,* dans une splendide autonomie. La caméra qui caresse, examine, engage l'œuvre, c'est aussi un spectateur. Et dans cette fonction, elle travaille avec les autres. En faisant l'alternance entre l'œuvre et les spectatrices, la caméra expose et s'expose, argumente et réplique. Elle est cette main de l'agent expositoire qui ne doit pas s'esquiver. Comme la main de la jeune femme représentée dans la peinture, elle est à la fois résignée et défiante. Le public n'existe pas – vivent les publics.

Figures

1. Gerrit Pietersz. Sweelinck, *Judith montre la tête d'Holopherne au Peuple de Bethulia*, 1605, huile sur toile. Rotterdam, Museum Boijmans Van Beuningen.
2. Ecran avec le *Judith* de Sweelinck et d'autres peintures ; devant : vitrine avec ustensiles de ménage du 17e siècle.
3. Gerrit Pietersz. Sweelinck, *The Artist as Saint Luke at the Easel*, [date?], Pen, brown ink. Amsterdam, Rijksprentenkabinet.
4. Marlene Dumas, *The Woman of Algiers* 2002, huile sur toile. Los Angeles, Collection privée.
5. Deux spectatrices devant *The Woman of Algiers.* Image de la vidéo « Marlene Dumas : Black-out, Blind Eye » Mieke Bal, *ArtClips* numéro 9, 2002.

Références

Bakhtin, Mikhail ; 1970 *La poétique de Dostoievski*, traduit du russe par Isabelle Kolitcheff, présentation de Julia Kristeva. Paris, Editions du Seuil.

Bal, Mieke ; 1996 *Double Exposures: The Subject of Cultural Analysis*. New York, Routledge, 2002. « Der Rembrandt der Frauen » 27-54 *Korrespondenzen : Visuelle Kulturen zwischen Früher Neuzeit und Gegenwart.* Dir. Mathias Bickenbach, Axel Fliethmann, Köln : DuMont ; 2002a *Travelling Concepts in the Humanities: A Rough Guide.* Toronto: The University of Toronto Press. 2003 "Visual essentialism and the Object of Visual Culture" *Visual Culture* 2,4.

Bourdieu, Pierre, et Alain Darbel ; 1966 *L'amour de l'art : les musées et leur public*. Paris : Editions de Minuit.1969 *L'amour de l'art : les musées européens et leur public*. Deuxième édition revue et augmentée. Paris : Editions de Minuit.

Butler, Judith ; 1993 *Bodies that Matter: On the Discursive Limits of "Sex"*. New York: Routledge. 1997 *Excitable Speech: a Politics of the Performative*. New York: Routledge.

Deleuze, Gilles ; 1968 *Différence et répétition.* Paris : P.U.F.

Derrida, Jacques ; 1978 *La Vérité en peinture.* Paris : Editions du Seuil.

Didi-Hubermann, Georges ; 1992 *Ce que nous voyons, ce qui nous regarde.* Paris : Editions de Minuit.

Duve, Thierry de ; 1996 *Kant After Duchamp.* Cambridge: The MIT Press. 2000 *Voici. Cent ans d'art contemporain.* Bruxelles : Palais des Beaux Arts.

Hirschkop, Ken and David Shepherd, eds. ; 1989 *Bakhtin and Cultural Theory.* Manchester and New York: Manchester University Press.

Hooper-Greenhill, Eilean ; 2000 *Museums and the Interpretation of Visual Culture.* London and New York: Routledge.

Kristeva, Julia ; 1998 *Visions capitales.* Parti Pris. Paris : Museé du Louvre, Réunion des musées nationaux.

Lyotard, Jean-François ; 1985 *Discours, figure.* Paris : Editions Klincksieck.

Peeren, Esther ; (en prép.) *Bakhtin and Beyond: Conceptualizing Identity Through Popular Culture.* Amsterdam: ASCA (thèse de doctorat).

Williams, Julia Lloyd ; 2001 *Rembrandt's Women,* edited by Julia Lloyd Williams. Edinburgh: The National Gallery of Scotland.

Zegher, M. Catherine de (dir.) ; 1994 *Inside the Visible: an Elliptic Traverse of 20th Century Art in, of, and from the feminine.* Cambridge, MA: MIT Press.

LE MUSÉE EXPOSÉ (À PROPOS DU MAMCO)

Christian Bernard

L'exposé présenté sous cet intitulé ayant tenu pour l'essentiel dans un libre commentaire d'images projetées, ce qui suit n'en est qu'un résumé succinct.

1.

Je voudrais faire entendre ici les deux versants sémantiques de la formule « musée exposé » :

- musée d'exposition, c'est-à-dire musée conçu comme une exposition, s'exposant en tant qu'exposition et exposant l'exposition,
- musée en exposition, autrement dit musée s'exposant comme musée, y compris comme musée des formes-musées et comme musée de l'accrochage et de l'exposition, musée exposé au risque de sa mise en abîme.

2.

Nous sommes partis de ce point que, dans sa pratique publique, sa réalité empirique (ce qu'on en voit et visite), le musée est d'abord exposition, d'abord *une* exposition – en l'occurrence, le plus souvent, la forme-musée de l'exposition.

Nous avons postulé par conséquent qu'il y avait lieu d'en traiter l'offre et le dispositif :

- comme une proposition globale, un concept holistique, et
- comme un enchaînement spatio-temporel de séquences articulées, une structure dont les termes se répondent ou se correspondent selon un système de relations multiples et différenciées,
- aussi bien dans l'espace-temps de la visite que dans la régulière succession des changements qui s'opèrent, changements de rupture ou de continuité, paradigmatiques ou programmatiques. Autrement dit, nous cherchons à traiter le musée dans le champ élargi de son exposition.

3.

Pour être une forme récente (un peu plus de deux siècles), la forme-musée n'en est pas moins une forme en crise, sinon une forme usée - peut-être à force de ne pas s'en servir assez.

Et il semble en aller de même pour la forme-exposition – ce, pour des raisons en partie liées, en partie différentes.

Le musée a contribué à sous-employer et à sous-qualifier l'exposition, il en a largement négligé l'histoire, rabâché les tics, impensé les topoï et les tropes comme leurs implications. L'exposition comme telle déplace le musée, fait travailler ses contradictions. L'évolution de l'art, l'extension permanente de ses formes (incluant les attitudes) et de ses objets, de ses *modus operandi*, le déplacement de ses territoires, de ses lignes de front, l'expansion de sa géographie ne cessent de déborder le musée, de l'excéder.

4.

Cette crise des formes, des normes, des codes, des canons, des valeurs, nous avons essayé d'en faire fonds, en jouant au musée comme au mikado, jeu de grandes patience et précision avec l'hyperfragile, métaphore de l'instabilité et de l'interdépendance de tous les éléments érigées en principe ; en reconfigurant à chaque nouvelle donne l'articulation improbable et suffisante des séries inconciliées (métaphore du musée comme phalanstère d'œuvres).

5.

Je ne reviendrai pas ici sur les options profanes et désenchantantes de notre pratique du musée ni, notamment, sur les procédés de saturation, de tension, de proximité domestique et de déhiérarchisation qui en découlent et qui y œuvrent.

J'évoquerai maintenant quelques types d'expositions d'espèce muséale, réalisées au Mamco, et susceptibles de donner quelques indications sur nos façons de faire, qui s'apparentent aussi – pour rester dans la métaphore du jeu – au processus des dominos, qu'il s'agisse de topographie (contiguïtés) ou d'enchaînements temporels (contaminations).

6.

Rétrospectives contemporaines

- Cas de la rétrospective Claudio Parmiggiani

Exposition incluant la production de projets anciens non-réalisés : effet d'augmentation rétroactive du corpus.

- Cas de la rétrospective André Raffray

Exposition des principales formes et séquences de l'œuvre présentées par épisode successifs : effet-feuilleton.

- Cas de la rétrospective Écart

Exposition en double bande ou stéréophonique : deux modalités d'accrochage antagonistes. L'une, confiée aux artistes, concerne les *remakes* d'installations ; l'autre, assumée par le musée, accentue le processus de distanciation muséale par différents procédés (colonnes chronologiques, etc.). Effet de dissymétrie : répétabilité artistique et irreproductibilité institutionnelle.

- Cas de la rétrospective Martin Kippenberger

Exposition entièrement conçue et installée par l'artiste comme constituant la dernière « chose qu'il avait à faire avec les institutions », sa première rétrospective et sa quasi-dernière exposition : « Respektive » : tenir l'institution en respect, imposer son respect et redistribuer son œuvre à son seul gré, – avant de prendre définitivement congé. Type d'exposition « coucou » ou « bernard-l'hermite ».

- Cas de la rétrospective Bertrand Lavier

Exposition d'expositions, ne retenant du corpus que ses types (« chantiers ») présentés par l'item initial ou sa duplication réactualisée. Rétrospective synchronique selon le spectre de la logique conceptuelle de l'œuvre.

- Cas de la salle permanente de Philippe Thomas, alias « L'Agence *Les ready-mades appartiennent à tout le monde©* ».

Réunion récapitulative du travail présenté sous la forme de l'entrepôt. Installation finale (testamentaire) assortie d'indications guidant son évolution posthume. Tombeau de l'auteur – dans tous les sens de l'expression.

7.
Répliques réduites

- Rétrospective Bertrand Lavier et sa réplique compactée : *Viewer Digest*.
- Expositions Yves Bélorgey et Yvan Salomone et leurs extraits ultérieurs : variantes jivaros.
- Les *Thrift Store Paintings*, synecdoque de la rétrospective Jim Shaw : ou comment sa collection de tableaux de brocante anonymes vaut pour toute l'œuvre de l'artiste. Le corpus et son double.

8.
Bis repetita docent

- Cas de Marcel Broodthaers : reconstitution micro-historiographique de deux murs d'une de ses expositions et développement de toute l'archive liée à son sujet.
- Cas *AFM* (John M Armleder, Sylvie Fleury, Olivier Mosset) : reconstitution de trois expositions réunissant ces artistes, la première, l'américaine et la dernière ; mixte de pièces originales et de *remakes*.
- Cas de Sarkis : remise en scène, réinterprétation par l'artiste de ses travaux initiaux.

9.
Série *Replay*

Série d'expositions antérieurement proposées par le Mamco et rejouées selon les mêmes protocoles avec diverses variantes concernant les œuvres impliquées, les processus mis en jeu et les artistes associés : reprise et réinterprétation d'un répertoire.

Expositions : *Ce qu'il te plaît*, *La Comédie humaine*, *Don't do it*, *Duchampiana*, *Formes du simple*, *La Nuit, l'oubli*, *Paso doble*, *Poésie & Principes*.

10.

Série *Exercices d'association*

Suite de présentations associant des artistes à leur définition et visant à expérimenter des types d'accrochages désacralisants, selon des structures obvies ou latentes, – *sampling*, *feed-back* et maelström.

- Cas de *Vestibule (Aux dieux lares)* et de *Loués soient les grands hommes*, critique du musée d'échantillons, scènes de la vie de province.

- Cas de *Hellzapopin*, futurologie muséologique : tentative d'anticipation du point de vue homogénéisant du regard qui sera porté sur les paradigmes antagonistes de l'époque ; fantaisie spéculative sur le *Zeitgeist*.

LA MÉDIATION DE L'ART CONTEMPORAIN : ESSAI POUR ORDONNER LES RECHERCHES RÉCENTES

Elisabeth Caillet

La destination publique de l'exposition d'art contemporain, comme de toute exposition, a suscité des travaux de recherche qu'il devient possible de tenter d'ordonner à partir des types de médiation qu'elles présupposent. En effet, la médiation varie en fonction de ce que l'on conçoit comme étant l'art, de ce qu'on dit qu'est l'art par rapport à la réalité ; et plus généralement de la façon dont on considère le rapport entre les choses telles qu'on les sent et les choses telles qu'on les pense.

L'art est aujourd'hui convoqué par les politiques pour apporter un sens qui semble de plus en plus faire défaut. Dans les orientations politiques récentes, il est même chargé de contribuer à fabriquer cette communauté (ce « lien social ») que les autres pratiques sociales ne parviennent plus à produire. Et l'on fait appel à la médiation, aux médiateurs d'art et de culture pour dire le sens que l'art devrait donner aux choses, aux situations dans lesquelles nous nous trouvons et que l'art devrait contribuer à symboliser. On voit qu'il y a ainsi comme une redondance, un doublement du travail de l'artiste et de celui du médiateur –ce qui explique le rejet que l'on peut avoir de la médiation dans l'art contemporain ; et ce d'autant plus lorsqu'on se trouve dans une époque où l'on affirme l'auto-suffisance de l'œuvre et que l'on considère par conséquent que l'œuvre se révèle dans la perception immédiate qu'on en a (esthétique du choc).

Depuis 20 ans, la place de la médiation s'est considérablement développée, même en art contemporain. Depuis les innovateurs (dont l'atelier des enfants de Beaubourg et les artistes du musée d'art moderne à ses débuts) jusqu'aux véritables services des publics des FRAC d'aujourd'hui, le chemin est déjà long et permet de regarder de façon plus précise ce que fait la médiation de l'art contemporain (pragmatique).

Le médiateur se situe entre les œuvres et les publics. La métaphore du passeur est devenue ordinaire. Il a ainsi une double légitimation : du côté des œuvres et du côté des publics.

La première légitimation du travail de médiation en art contemporain tient en ce qu'il actualise le travail de l'artiste et de ceux qui, avant lui, ont travaillé sur le travail de l'artiste. Le médiateur procède à une actualisation de l'œuvre d'art au sens de re-mise en acte, de passage d'un potentiel passé au réel que l'on peut voir aujourd'hui. Résultat dont il faut retrouver les conditions de production.

La seconde légitimation du travail de médiation tient à la relation qu'il sait instaurer avec son public. Il actualise le regard que le visiteur porte sur les œuvres. Il transforme ce qui est en puissance dans le récepteur auquel il s'adresse. Or, dans la situation de formation informelle qui est la sienne, il ne sait pas ce qu'attend un public auquel il s'adresse mais qu'il n'a pas les moyens de connaître. Il ne sait pas où en est le visiteur et ce qui a motivé sa visite de telle ou telle exposition, sa participation à tel ou tel événement. D'où ses efforts pour préparer l'action de médiation en essayant de voir ce qu'en attend le commanditaire : mais souvent le récepteur n'est pas le commanditaire. Et l'action de médiation risque l'échec.

Il est donc fondamental pour le médiateur de savoir au moins ce qu'il attend lui, en tant que médiateur, de son propre travail, ce qu'il met en jeu dans son opération de médiation.

C'est sur le travail d'**actualisation** du médiateur que je voudrais vous proposer de réfléchir. Pour le faire je m'appuierai sur les recherches formelles (celles des chercheurs) et sur les pratiques de médiation (des médiateurs professionnels et de leurs formateurs) qui ont été faites dans les 20 dernières années dans le domaine de la recherche et de la formation en médiation artistique et culturelle, sans prétendre dans le peu de temps qui m'est imparti faire la moindre revue exhaustive.

Afin d'ordonner la présentation de ces travaux et de les mettre en perspective, j'utiliserai les distinctions que pose Jacques Rancière dans *Le partage du sensible*. En effet il me semble que les formes que dégage Rancière répondent à ce que dont nous avons besoin pour penser la question théorique de la médiation, en ce qu'il tente d'articuler ainsi « la manière dont les arts peuvent être perçus et pensés comme art et comme formes d'inscription du sens de la communauté » (p.16). Or la demande qui est faite aujourd'hui aux arts, aux artistes et aux médiateurs de participer à la question de ce qui fait sens pour une communauté exige que l'on réfléchisse avec un outillage conceptuel de cet ordre.

La question des visiteurs et de ses modes d'approche de l'œuvre d'art se pose différemment selon la façon dont on conçoit ce que Rancière nomme le partage du sensible, soit le « mode d'articulation entre des manières de faire, des formes de visibilité de ces manières de faire et des modes de pensée de leurs rapports, impliquant une certaine idée de l'effectivité de la pensée » (p.10).

Je rappelle brièvement ces trois formes (régimes) d'inscription du sens de la communauté, de partage du sensible : tout d'abord celui « des signes muets », ensuite l'espace du « mouvement des corps » ; ces deux formes correspondent à la distinction fondamentale opérée par Platon entre l'*écriture*, dont les signes ne peuvent être explicités que par la présence de leur auteur et le *théâtre* « qui lui-même se subdivise en deux modèles antagoniques : (d'un côté) le mouvement des simulacres de la scène, offert aux identifications du public. De l'autre, il y a le mouvement authentique, le mouvement propre des corps communautaires », représenté par la danse, le chœur dansé (*Partage du sensible*, p.16-17). Ecriture, théâtre, danse, telles sont les trois formes de partage du sensible identifiées par Platon et qui structurent encore notre pensée esthétique.

A ces trois régimes correspondent trois modalités du travail de mise en relation des œuvres et des publics dans lesquels il me semble possible d'ordonner les différents travaux des chercheurs et des professionnels de la médiation, afin de tenter de dégager peut-être l'émergence de nouvelles pratiques qu'il convient aujourd'hui de théoriser si l'on veut les enseigner. On verra ainsi que ces travaux ne se succèdent pas dans le temps, pour faire des trois régimes une progression vers ce qui serait une bonne médiation, mais co-existent, donnant au médiateur (ou plutôt au responsable de l'institution dans laquelle il exerce) la responsabilité de choisir ce qu'il fait selon l'analyse qu'il fait de la situation de médiation dans laquelle il se trouve, dans laquelle il souhaite installer ses actions de médiation.

♦ Le régime des signes muets

Dans ce premier régime, le visible ne se donne pas à voir immédiatement ; le langage en constitue le détour nécessaire, mais un langage spécialisé (celui de l'histoire de l'art). Le visible et le dicible entrent en relation si l'on connaît les règles qui les ordonnent l'un à l'autre. Le respect de ces règles est essentiel. Il s'agit pour le récepteur d'apprendre les codes qui permettent la lecture du visible. L'accès à l'œuvre d'art est ainsi possible dès lors que l'on en possède les codes. L'éducation est donc le moyen premier d'apprentissage des codes. Et la maîtrise des codes du langage rationnel va avec celle des codes esthétiques puisque la représentation produite par les arts relève de l'imitation des idées – dont ils sont une représentation dégradée. Il s'agit donc pour le médiateur de retrouver sous l'image ce qui est dit par l'artiste dans un langage dont l'articulation est moins puissante que celle de la pensée rationnelle et en constitue une approche.

De l'autre côté, il convient d'ajuster son langage aux compétences des récepteurs, et donc de mieux connaître ces compétences. On s'ingénie donc à distinguer les récepteurs en fonction de leurs compétences, c'est-à-dire de leur maîtrise des codes du visible.

Il me semble qu'une partie importante des travaux des chercheurs qui ont étudié la réception de l'art contemporain fondent leur approche sur un tel partage.

Les questions posées par les chercheurs partent de la situation imposée par le musée tel que le 19è siècle l'a figé, même lorsqu'ils présentent de l'art contemporain. Leurs travaux posent ainsi les œuvres comme un donné, (voire, pour reprendre le terme de Bourdieu un « capital culturel ») qui est proposé au public. Le travail essentiel des chercheurs a été de segmenter le public, de passer du public aux public*s* ; quant aux médiateurs ils ont tenté d'« élargir » les publics en utilisant des méthodes largement inspirées à la fois du marketing et de l'éducation. Ils se sont ainsi mis au service d'une pensée de la diffusion artistique qui a été nommée « démocratisation » et dont l'inspirateur était Malraux, son musée imaginaire et sa théorie des chefs d'œuvre de l'humanité.

On peut ainsi distinguer :

♦ **Les travaux sur les compétences des publics, qui cherchent à savoir à qui s'adressent les expositions d'art contemporain**[1]

Qui sont les publics de l'art contemporain ? Reprenant les études réalisées, O. Donnat constate qu'ils ne sont pas fondamentalement différents des publics de musées mais plus jeunes, plus urbains, plus féminins, plus éduqués...Toutefois, les études réalisées dans *Pratiques culturelles des Français* ne donnent que des éléments d'information très grossiers, dans la mesure où les visiteurs ne distinguent pas, dans ces études, l'art moderne et l'art contemporain. Ces études ne sont donc pour nous que de faible utilité. D'où la nécessité de faire des travaux plus pointus.

---

[1]Cf. Publics et musées n°16, actes du colloque Les publics de l'art contemporain, PUL 2001.

Par un travail plus fin mais qui a pu être contesté dans sa méthodologie (les questionnaires auto-administrés), Lucien Mironer a réalisé une analyse comparée des publics du CAPC-musée et des autres musées bordelais : là encore on constate que le public du CAPC est « majoritairement bordelais, féminin, jeune, étudiant, appartenant aux échelons supérieurs de l'échelle socio-professionnelle et amateurs de musées ». Il est « fidèle et assidu, sensibilisé par le bouche à oreille, l'affichage et la presse ». Sa visite est plutôt solitaire ou à deux, généralement programmée, essentiellement centrée sur les expositions temporaires ». Il est peu satisfait, particulièrement en ce qui concerne la médiation. Sa disposition à revenir est grande pour les expositions temporaires.

Ces travaux confirment l'hypothèse sur laquelle ils reposent de la congruence entre l'éducation formelle et l'éducation informelle – l'éducation consistant ici à savoir comment bien occuper la place qui est assignée à chacun dans une hiérarchie organisée.

♦ Les travaux qui cherchent à savoir *comment* ces récepteurs potentiels se représentent l'art contemporain

Le travail de Nathalie Heinich porte sur les rejets de l'art contemporain à partir de l'analyse des réactions spontanées sur les palissades qui entourent le chantier de Buren au Palais Royal, et sur les livres d'or des musées. Elle identifie les différents registres de valeurs utilisées par les publics de l'art contemporain pour juger des œuvres et donc les accepter ou les rejeter. Elle en distingue 11 qu'elle a exposés dans deux ouvrages : *L'art contemporain exposé aux rejets*[2] et *Le triple jeu de l'art contemporain*[3]. Je ne les reprendrai pas ici, ils sont suffisamment connus. Je voudrais tenter de les ordonner en utilisant d'autres principes de classement que ceux de la sociologie descriptive[4].

[2]Editions Jacqueline Chambon, 1998.

[3]Editions de Minuit 1998.

[4]Le recours aux catégories aristotéliciennes par exemple semble pertinent.

Les principaux rejets sont ainsi :

- L'absence de *cause formelle* : L'apparente absence de « travail » (« un enfant pourrait en faire autant »), à laquelle on peut joindre l'usurpation de la valeur marchande (« combien ça coûte »).
- L'absence de *cause finale :* l'inutilité de l'œuvre, la gêne qu'elle suscite pour les activités quotidiennes (se déplacer, s'asseoir...).
- L'absence de *cause matérielle* : ce n'est rien, cela ne restera pas.
- L'absence de *cause efficiente* : mise en question de la compétence artistique de l'auteur : il se moque de nous ; on doute de l'intention de l'auteur, on craint de se faire avoir.

La *confusion entre le signifiant – voire le signe tout entier– et le référent* : les œuvres qui mettent en scène de la nourriture, des animaux, plus encore des êtres humains sont appréciées en fonction de la valeur dont le visiteur investit le référent. Le fait même de parler de tels « sujets », considérés comme illégitimement traités en « objets » par le travail de l'artiste, est l'un des arguments de rejet du travail des artistes. De la même façon, les œuvres qui utilisent des signes sexuels, religieux ou politiques. Cette confusion est aujourd'hui fréquemment utilisée pour demander la censure des œuvres d'art, retirant ainsi à l'œuvre son essence fictionnelle.

Ce qui montre deux choses :

- que le public attribue une valeur à une chose dès lors qu'il sait lui attribuer au moins l'une des quatre causes d'Aristote ;
- que la lecture spontanée (non cultivée) des œuvres d'art ne peut concevoir l'œuvre que comme représentation mimétique du réel.

Jacqueline Eidelman a étudié la réception de l'exposition *Hypothèses de collection* et plus particulièrement les usages des différents outils de médiation qui étaient proposés dans cette exposition. Je rappelle que ces outils étaient extrêmement diversifiées : tablettes d'orientation proposant différents parcours, cartels développés, livrets d'accompagnement, médiateurs, artistes, conférenciers, colloques. Les conclusions de l'étude montrent que :

Plus le visiteur possède de capital culturel, plus il adhère à l'exposition. Plus le visiteur est expert, moins il est satisfait des outils de médiation. Les visiteurs novices souhaiteraient que les outils de médiation soient encore plus développés. Toutefois, les textes sont toujours considérés comme utiles à la compréhension de l'exposition. L'interactivité, ou plutôt la sollicitation des visiteurs à jouer avec les œuvres, à entrer en dialogue avec le travail des artistes sont considérés comme positifs (surtout par les jeunes).

Concernant les critères qui constituent les jugements sur les œuvres, reprenant les catégories de Heinich, Eidelman distingue trois attitudes des récepteurs :

La première s'attache à intellectualiser la proposition artistique et c'est le passage par le discours qui lui permet de ressentir.

La seconde s'attache à comprendre comment s'opère le partage entre l'art et ce qui n'est pas l'art dans les œuvres présentées.

La troisième s'attache à déterminer en quoi les valeurs de l'art s'opposent à celles de la société.

Le travail du médiateur d'art contemporain est, dans ce premier régime, un effort pour rapprocher le regardeur de l'événement de la création artistique : organiser des rencontres avec l'artiste, recueillir le discours de l'artiste ou de critiques autorisés qui ont été les premiers à formuler en mots ce que l'artiste formule dans son travail d'artiste. Il s'agit pour le médiateur de donner au regardeur l'équivalent de l'expérience qui a été celle de l'artiste quand il a produit son œuvre.

La représentation mimétique et l'actualisation par le discours sont au fond de cette conception de l'art et de la médiation. L'intellectualisation est ici nécessaire en ce que c'est le discours qui parvient à couper la représentation du référent externe. Le retournement de conception de l'art et de sa médiation s'effectue par la connaissance que les regardeurs peuvent avoir des œuvres d'art qui rompent avec la représentation mimétique (ce qui peut passer par exemple par Duchamp, comme grand manipulateur de discours). Ce qui leur permet de passer d'une conception de l'art en termes de conformité à une pensée de maîtrise (l'expertise, la distinction), à une autonomie de leur jugement.

♦ Le régime des simulacres de la scène offert aux identifications du public

Le second régime de Rancière « révoque la politique inhérente à la logique représentative » (p.21). Il s'agit alors de décrire et non d'instruire, puisque toutes les positions, toutes les places (esthétiques et sociales) sont égales. Toute œuvre d'art est égale à toute autre. Tout regardeur est égal à tout autre. Mais tout individu n'est pas forcément créateur. Recevoir, s'approprier c'est donc participer en quelque façon de la création qui, en droit, est disponible à qui veut la prendre.

La fabrication de l'autonomie du regardeur est alors ce qui devient l'objectif du médiateur. Pour cela il n'a plus à énoncer un discours auquel le regardeur se doit d'adhérer mais il doit susciter l'énonciation d'un discours propre mais outillé. Il me semble que le travail de conceptualisation réalisé par Jean Davallon met en place les outils qui permettent de penser la médiation dans ce second régime.

Pour analyser les phénomènes de mise en relation des expositions et des publics dans la situation muséale, Davallon propose un modèle qu'il distingue de deux autres modèles fréquemment utilisés : le modèle de la médiation qu'il oppose au modèle de la communication technologique et au modèle anthropologique. Il reprend ainsi les conclusions du travail qui avait été réalisé par Hana Gottesdiener (à partir de l'observation de visiteurs du musée national d'art moderne) sur les freins et les motivations à la fréquentation des expositions d'art moderne et contemporain.

La médiation, dit Davallon, s'effectue par l'existence d'un facteur tiers qui donne sens et place tant à l'émetteur qu'au récepteur, leur conférant des rôles et des fonctions qui sont beaucoup plus complexes que celles de simple émetteur et de simple récepteur. Plus encore, ce modèle affirme que la situation de communication ainsi créée produit une relation sociale entre des sujets, situation qui installe un espace à l'intérieur duquel des personnes vont pouvoir « voir différemment un objet » et un objet pourra « prendre sens ».

Afin de préciser ce concept et de vérifier la validité de son usage dans le champ de l'exposition, Davallon fait un détour par le théâtre. Il emprunte à André Helbo l'idée selon laquelle la médiation théâtrale comporte une « double délégation » : « Du côté de la production, ni le metteur en scène, ni l'auteur de l'histoire ne sont présents : ils délèguent à la mise en scène, aux acteurs, aux objets, à la « performance » (...) le soin d'établir la relation avec ceux auxquels ils s'adressent. » Une seconde délégation est effectuée par le spectateur qui « délègue à l'acteur, au héros, au producteur (auteur ou metteur en scène) le soin de jouer à sa place ».

Posant l'analogie entre représentation théâtrale et exposition muséale, Davallon propose d'identifier l'espace de l'exposition comme espace d'un jeu où ce qui se passe n'est pas vrai mais relève d'une convention, d'une fiction instituée par contrat entre l'instance de production et l'instance de réception. Le parcours de cet espace ne s'effectue pas de façon linéaire mais comporte une suite de sauts, de passages qui transforment et le récepteur et l'émetteur grâce à une connivence entre eux qui repose sur la conviction qu'ils partagent une même compétence instituée par la reconnaissance des limites mêmes de cet espace. Le médiateur (commissaire d'exposition, critique, conférencier....) opère à la fois comme porte-parole de l'instance de production (l'auteur absent), de l'instance réception (le visiteur) (*axe de la communication*), mais aussi de l'objet et de son univers d'origine (dont l'œuvre d'art a été extraite : palais, église..., mais aussi type de recherche artistique, univers de formes) (*axe de la référenciation*).

La relation « entre l'objet exposé et son monde d'appartenance » constitue pour l'exposition d'art le point le plus original de l'effort de médiation, par lequel elle se distingue de la médiation théâtrale : plus l'œuvre d'art se présente comme le résultat d'un processus, d'une démarche que le médiateur, à la place du producteur, explicite, plus la matérialité de l'objet s'efface devant l'opération concrète mais devenue abstraite et passée qui en a permis la réalisation. Le médiateur effectue donc une actualisation de la matière même de l'œuvre. Et Davallon de conclure : « La conséquence en est le statut hybride du médiateur (...) : il socialise l'œuvre en la déclarant de l'extérieur ; il la fait, par le discours, fonctionner de l'intérieur en associant pour le visiteur l'œuvre et sa matérialité ».

Il me semble que de nombreuses actions de médiation d'art contemporain reposent sur un tel modèle et donc se réfèrent à ce deuxième régime de la visibilité. Telles les actions mises en place dans les ateliers où il s'agit d'apprendre à voir.

♦ « Apprendre à voir »

La première difficulté pour le médiateur vient de ce qu'il ne sait pas où en est le regardeur dans sa propre appréhension du monde ; pour situer le travail de l'artiste il doit, s'il travaille « en temps réel » (conférencier) en un instant (le temps de situer son propos de présentation), se représenter le monde dans lequel se situe le regardeur et en déterminer les limites vers lesquelles il pourra pousser le regardeur pour saisir la mise en question qui le concernera véritablement, tout en restant fidèle à ce que veut signifier l'artiste.

S'il travaille « en temps différé » (rédacteur d'une notice ou d'une fiche d'exposition) il doit présupposer la place du spectateur, de chaque spectateur.

Cette immédiateté ou cette présupposition de positionnement du regardeur dont il doit identifier la position est sans doute facilitée par la connaissance qu'il peut avoir des résistances les plus communes à l'art contemporain (les résistances identifiées par Nathalie Heinich). Mais ces résistances génériques ne sont pas suffisantes pour déterminer le type de langage qu'il est juste de tenir quand on présente tel ou tel artiste précis, avec son univers, son langage propres.

Il ne s'agit donc pas pour le médiateur d'apporter des réponses mais de savoir aider à poser des questions à une œuvre ou à une exposition, d'être capable d'en repérer les enjeux.

La réponse pragmatique des médiateurs consiste avoir une méthodologie de base pour la lecture des œuvres et à en appliquer la démarche quelque soit l'œuvre[5].

♦ Le régime du mouvement authentique, mouvement propre des corps communautaires

Le troisième régime de la visibilité distingué par Rancière ne sépare plus des acteurs (créateurs) et des récepteurs, n'exige plus de dispositif théâtral d'identification. Du coup, la médiation disparaît en ce qu'il n'y a plus deux termes à réunir par un troisième, mais une communauté qui, tout entière, se met en mouvement. La

[5]Cf. les travaux de type « Apprendre à voir » dans la formation des conférenciers faite par Laurence Tardy et Etienne Trouvers – démarche fondée sur les types de questions qu'il convient de se poser pour « voir » une œuvre (construction, matériaux, techniques, contexte). Cf. les ateliers pédagogiques du centre d'art concret de Mouans-Sartoux ou ceux de Beaubourg « atelier des enfants ».

médiation n'existe que dans une pensée trinitaire dans laquelle la dialectique permet de surmonter la contradiction. La médiation laisse la place à une fonction différente qui met en jeu l'ensemble des pratiques de transmission des savoirs.

Il me semble que certains travaux de recherche correspondent à ce nouveau regard qu'il est important de porter sur la relation entre les publics et les œuvres :

- **Chercheurs en sciences cognitives**

Tout d'abord certains chercheurs qui travaillent sur la comparaison entre les cultures et les conceptions de l'éducation artistique dans les différentes aires culturelles. Leurs travaux nous montrent la nécessité de replacer notre conception de l'art et de son apprentissage dans le contexte plus général des modèles de transmission.Car la représentation que le regardeur se fait de l'art et de l'artiste lui est inculquée par l'éducation au sensible qu'il reçoit[6] par ailleurs (tant dans l'éducation formelle de l'école qu'à travers les mass-médias ou avec les nouveaux outils de communication tels internet).

- **Travaux des artistes enseignants d'écoles d'art**

Ensuite des travaux réalisés par les artistes eux-mêmes. Jérôme Joy, dans la communication qu'il a faite lors du séminaire du CIPH, montre à partir de l'exposition *Lascaux2* et du projet *Collective JukeBox* que ces deux projets ont développé de nouvelles modalités de production et de diffusion visio et audio en réaction au développement exponentiel du numérique dans l'industrie artistique ; ils

---

[6]Cf. les travaux de Bernard Darras et en particulier « Décentrement culturel et iconique de l'éducation artistique », in *Traces...pour l'éducation artistique*, collection « Guides pour l'art contemporain », Editions 00h00.com.

« remettent en question les conditions traditionnelles de présentation de l'art ».

« La révolution numérique change le monde, elle change même la logique de la représentation et crée de nouveaux espaces communautaires. A l'heure où, dans le domaine musical (et visuel), l'aspect hégémonique de l'industrie bouleverse la production, le projet *Collective JukeBox* a ouvert un espace partagé, temporaire et résistant, soutenu par la seule participation des artistes et qui est développé activement par l'entremise du réseau internet. Il s'agit d'un dispositif évolutif qui est en activité depuis 1996 et qui, avant de faire l'objet d'un achat par le FRAC PACA[7] en 1999, avait été notamment présenté à Bregenz en Autriche et au Musée d'Art Contemporain de Lyon.

Au sein des arts plastiques et de la musique, de nouvelles pratiques sonores se développent autour des techniques du son enregistré, de la numérisation, de la mise en réseau et des manipulations et diffusions multiples que permettent ces technologies. La diversité et l'implication de ces mutations défrichent aujourd'hui des terrains d'expérimentation qui remettent en question les modalités de représentation communément acceptées telles que le concert, la diffusion CD, l'installation et l'exposition. Cela ne se passe pas en rupture, mais bien en continuité dans un mouvement de mutation profonde. Cette mutation est accélérée par des pratiques nouvelles : l'hypertexte, la navigation, la captation, la duplication, la réplication, le code, le sampling, l'ambient, le temps réel, les protocoles de connexion et de partage, etc. Ces activités reconnaissent toutes la révolution télématique, et le projet *Collective JukeBox* leur offre un champ d'émergence »[8].

Les grands changements concernent d'abord le mode de production de l'œuvre d'art : l'auteur devient collectif, il n'a plus besoin d'être reconnu par un système académique mais

---

[7]Fonds Régional d'Art Contemporain de la région Provence-Alpes-Côtes d'Azur.

[8]Cf. *L'art contemporain et son exposition* 1, Editions L'Harmattan, 2002.

c'est la demande qui lui est faite qui le fait auteur. Si son apport est retenu par les autres auteurs (qui sont en même temps les récepteurs) il devient auteur. « Les auteurs participent librement, sans distinction de statut ni de reconnaissance, en envoyant au projet leurs contributions audio et musicales, et le *Collective JukeBox* en assure la visibilité et l'écoute ». L'œuvre n'est plus un donné mais un processus continué. Aucune transcendance n'accepte ou ne refuse un élément de l'œuvre, nous sommes dans une sorte d'immanence : « Le dispositif s'autorégule au fur et à mesure de l'avancée du projet : les participations ne sont pas aléatoires mais volontaires et conscientes du dispositif lui-même (participation libre, propositions inédites, l'appareil juke-box) ».

On trouve ici une application artistique de ce qui était présenté par Pierre Lévy et par Michel Authier[9] sous l'appellation d'arbres de connaissance ou encore de ce qui existe dans la vie quotidienne dans les réseaux d'échanges de savoirs.

♦ Chercheurs en sociologie de l'innovation, enseignants en médiation culturelle : la notion de fiction vraie (Bruno Latour/Denis Guedj)

L'une des difficultés de la médiation de l'art contemporain tient en ce que le propos de l'artiste contemporain est à la fois ce qui devrait être le plus facile à comprendre puisqu'il parle du monde dans lequel nous vivons, et aussi ce qu'il est le plus difficile de formuler autrement qu'avec les éléments d'affects qui sont formalisés dans la matière même de l'œuvre – parce que non encore analysés par les critiques, l'épaisseur d'interprétations qui entourent l'œuvre en lui conférant une histoire, une durée, en l'habillant d'un – l'inscrivant dans un – récit. La proximité de l'aujourd'hui de l'œuvre, de l'aujourd'hui dans

[9]« Un arbre de connaissances est avant tout une image qui essaie de représenter les logiques de partage de connaissances entre les individus dans une communauté donnée » (site de Michel Authier).

l'œuvre est paradoxalement ce qui la rend immédiatement insaisissable – comme un texte que l'on regarde de trop près. Le manque de recul qui devrait la rendre immédiatement appréhendable est précisément ce qui l'obscurcit. L'œuvre d'art est dotée d'une présence trop massive pour pouvoir déjà être interprétée.

Cette lourdeur de l'œuvre exige que l'on introduise dans l'action de médiation quelque chose qui s'apparente non à l'analyse sémiotique mais à celle d'une sorte de pré-conscience dont les modèles proposés par Davallon font, me semble-t-il, l'économie. L'actualisation faite par le médiateur ne fonctionne que parce que du fantasme est levé aussi par l'œuvre. L'actualisation est aussi un passage à l'acte, une restitution de ce passage à l'acte qui a donné lieu à l'œuvre d'art : une fiction vraie. L'actualisation du médiateur ne réussit que si, d'une certaine façon elle re-produit le passage à l'acte qui a eu lieu avec l'apparition de l'œuvre. L'acte de médiation est un acte et il faut que cet acte soit en quelque sorte re-fait par le regardeur, qu'il en devienne l'actant.

C'est ainsi qu'on peut donner un sens nouveau à ce que certains auteurs ont formulé à travers l'esthétique du choc, de la rencontre, sorte de révélation qui se fait (ou ne se fait pas) entre une œuvre et un regardeur. Il y a dans l'œuvre un choc une rencontre, une révélation, une surprise pour que l'œuvre soit telle, reconnue comme telle. Le renversement qu'elle produit est plus ou moins fort et crée ainsi, après l'attente suscitée, plus ou moins de plaisir ou de déplaisir.

Le modèle qui m'apparaît alors comme le plus pertinent est celui décrit par Alain Badiou interprétant la conversion de saint Paul. Il y a une économie libidinale dont il faut tenir compte dans les opérations de médiation ; du désir qui circule entre l'auteur, le regardeur et l'interprète.

Il convient alors d'examiner comment se crée cette attente qui sera ou non déçue. L'organisation de ce qui entoure la rencontre est très précisément le travail du médiateur qui va faire « comme si » : comme s'il pouvait placer le regardeur dans la situation où l'œuvre n'existait pas, où elle n'était pas encore là, dans une absence qui la fait désirer. La description de la démarche de l'auteur, du contexte de réalisation de l'œuvre, l'histoire du mouvement artistique dans lequel s'inscrit l'œuvre, les rapports entre ce travail-là et ce qui a précédé de l'auteur lui-même ou d'autres auteurs sont autant d'éléments qui aiguisent le désir, créent l'attente, l'horizon d'attente, installent le décor. Et si certaines œuvres aujourd'hui prétendent jouer sur la déception, c'est bien parce qu'elles utilisent ce dispositif de création de l'attente. L'œuvre apparaît alors comme réponse à une question posée avant, par l'artiste dans un contexte qu'il est nécessaire de connaître pour que le choc de la réponse en quoi elle consiste puisse avoir lieu. L'acte de médiation se confond pour ainsi dire avec celui de la création.

Je voudrais en guise de conclusion reprendre quelques instants ce que Badiou décrit comme « l'événement pur » qui ouvre à l'universalisme ; car c'est ce qui permet de mieux comprendre ce que peut chercher le médiateur lorsqu'il fait une action de médiation en art contemporain, c'est-à-dire lorsqu'il ouvre à un nouveau possible en le faisant advenir comme vraiment possible parce que partagé par tous ceux qui le font advenir. Sans doute ne peut-on prendre cette référence comme une assimilation de la création contemporaine à ce que Badiou dit de la résurrection qui est l'événement pur de Paul. Mais l'attitude de Paul face à l'événement « résurrection » me semble pouvoir nous aider à inventer une nouvelle forme de relation avec les œuvres d'art quand elles sont assez fortes pour ouvrir de nouvelles relations entre les modes de la sensibilité et les modes de pensée.

Si donc on admet que l'œuvre que l'on cherche à faire exister (en tant qu'artiste comme en tant que médiateur puisque les deux fonctions se fondent) est une sorte de résurrection, alors il faut dire que ce qui en jeu c'est précisément les modes de mise en commun de quelque chose d'absolument nouveau. Quelque chose qui fera qu'après on ne sera pas le même qu'avant : « Evénement pur, ouverture d'une époque, changement des rapports entre le possible et l'impossible »[10].

On n'arrivera jamais à démocratiser l'accès aux œuvres de l'art contemporain parce qu'il y a contradiction entre le projet politique et le régime de la pensée de l'art quand on dit cela : penser en termes de démocratisation suppose le positionnement de valeurs transcendantes que l'on donne à certains seulement le droit de créer et à d'autres le droit d'interpréter, à d'autres enfin celui de recevoir. L'existence même d'experts, de professionnels face à des amateurs, même si on arrive à mieux comprendre ce qui se passe en usant des modèles de la délégation tels que les définit Davallon, ne rend pas compte de ce qui se passe lorsque l'art contemporain se met à exister en tant que contemporain. On reste donc prisonnier d'un découpage entre sensible et pensée qui permet seulement à certains d'en être et rejette les autres hors de cette possibilité. Le formule de l'élitisme pour tous de Vilar, reprise par Vitez, montre cette limite. La participation du plus grand nombre à un événement de distinction le récuse comme tel, le renvoie à un événement normal. Il faut changer de paradigme et penser autrement.

Badiou trouve en saint Paul (modèle du « militant ») de quoi penser l'événement (pour nous l'événement artistique) comme quelque chose par quoi il est possible de devenir égal, au sens de fils, de même, de singulier, de sujet. Devenir sujet, telle est l'ambition des médiateurs que les enseignants en médiation artistique et culturelle forment. Ils ne sont en cela plus médiateurs puisque la médiation présuppose une vérité préalable vers laquelle il s'agit d'aller. Le terme de médiateur, que j'ai contribué à utiliser pour faire reconnaître cette fonction qui me semble aujourd'hui encore nécessaire pour contrebalancer le pouvoir de ceux

---

[10] *Saint Paul. La fondation de l'universalisme*, Collège international de philosophie, PUF, 1ère édition 1997, 2ème édition p. 47.

qui sont entièrement tournés vers l'objet, n'a donc été qu'un passage vers une autre conception que je voudrais aujourd'hui faire reconnaître : celle de l'initiateur de Hana Gottesdiener, ou plus encore celle de l'apôtre de Badiou.

Le travail de médiation est pour moi travail philosophique en cela : Prendre l'art comme le champ dans lequel il est possible aujourd'hui de s'exercer à rencontrer l'« événement pur ».

L'ART EXPOSÉ

Xavier Douroux

L'art exposé : pas l'art de l'exposition (comme tel interrogé par ceux qui dans les dix dernières années cherchèrent à élargir le champ du questionnement des relations « attitudes/formes »)... non ! nous avons bien tous lu, l'art exposé...

Si d'aucuns pensent pouvoir mettre en avant ex-abrupto un tel paradigme, c'est forcément qu'au fil des années les preuves de son existence se sont accumulées. Pas les on-dit, les racontars ou les rumeurs, mais des preuves formelles. Et ces preuves nous les connaissons : à l'instar des photographies de paysages attestant de la réalité de ce qui serait donc la *nature poussée*, la multiplication des photographies d'exposition prouve bel et bien l'existence de l'*art exposé.*

Longtemps, la plupart de ces photographies (de plus en plus faites et commandées en vue d'être publiées) – et si je laisse de côté le genre particulier des photographies de vernissage – ont témoigné d'une vision « béatifiante » des œuvres exposées.

Plus insidieusement elles révélaient la primauté de la description d'une mise en espace des œuvres, aux dépens de l'indication des valeurs perceptives, voire des valeurs d'expérience ou d'usage que leur conférait l'exposition. Et un des signes particulièrement visibles de cette situation était l'absence normale à l'image du spectateur dans l'exposition : pas ou rarement accessible sont ainsi la photographie qui montreraient les plaques au sol de Carl Andre foulées aux pieds, et ce le plus naturellement du monde, par un ou plusieurs visiteurs, ou bien encore celle enregistrant (dans l'exposition) le déploiement horizontal d'un grand Barnett Newman où s'inscrirait la silhouette et donc la stature du regardeur, voire le reflet coloré d'un Dan Flavin sur le visage d'un spectateur ou d'une spectatrice.

♦ Faut-il échapper à l'évidence de la chaise ? Questionnement

En travaillant pour une exposition consacrée à Hans Hartung, j'ai eu l'occasion de tomber sur l'un de ces modestes catalogue que publiait le Stedelijk Museum d'Amsterdam (le n° 100) pendant l'ère Sandberg. Un catalogue du début des années cinquante (d'ailleurs talentueusement mis en page par ce dernier) consacré à la présentation au musée de la collection du Dr Domnick (ensemble où figurent entre autres des œuvres de Baumeister, Julius Bissier, Ernst Nay ou Fritz Winter).

Je me souviens avoir été très frappé par quelques reproductions placées en tête montrant l'accrochage de la même collection quelques mois plus tôt au musée de Stuttgart. Dans chacune de ces images, au moins une et jusqu'à quatre ou cinq chaises (du même modèle classique-moderne), figuraient expressément, face aux tableaux et parfois très près d'eux, sans aucun alignement strict. Comme si le placement démonstratif de ces chaises omniprésentes et si peu ordonnées mimait la liberté individuelle de spectateurs non conviés à figurer dans l'image.

Un dispositif à mettre en ligne avec la singulière et objective présence « réaliste » de la chaise (celle d'un improbable gardien probablement) placée le long d'un des murs de la salle « suprématiste », telle que l'enregistra l'une des photographies de l'exposition *0,10* (à Pétrograd en 1915). Photographie aujourd'hui médiatisée, dont le peintre néo-géo David Diao saura faire un excellent vecteur pour une composition « avec plans et chaise » du plus pertinent effet dans les années quatre-vingt et qui immortalise au sein d'un accrochage spatialisé l'apparition iconique, dans l'angle supérieur de deux murs, du *Carré noir sur fond blanc* de Malevitch.

Des documents dont la lecture (bien entendue orientée) insiste par conséquent sur ce qu'on pourrait appeler la relation persistante au monde de l'art exposé, et ce quelque soit le degré de la revendication d'autonomie ou de liberté de créativité de l'œuvre.

En l'occurrence, pour les exemples particuliers d'art exposé dont témoigne ces photographies, s'agit-il d'une analyse d'une sur-détermination par le mobilier (et de la différence entre les deux méthodes conduisant à celle-ci) : via l'indexation contradictoire du réel dans le cas d'un art en quête de Non-Objectivité, par l'évocation du destinataire à l'intérieur du continuum intuitif que veut installer l'Art Informel. Avec dans les deux cas, pour résultat de contrecarrer un instant l'effet déréalisant de toute succession de vues d'exposition où l'architectonique des lieux est vite redondante, l'éclairage trop égalisé.

Si, en restant sur la même longueur d'onde, nous avions eu à parler de l'art de l'exposition, alors il aurait été opportun d'évoquer le contrat intellectuel d'une exposition organisée en mars 1929 par Ernst May au Kunstgewerbemuseum de Francfort (sous le titre *Der Stuhl*) : étonnante démonstration (à en croire une photographie) où il superposa au dessus d'une rangée de chaises d'avant-garde (d'esthétique Bauhaus ou style international : Marcel Breuer, Mies van der Rohe, Société industrielle des meubles multiples, Mart Stam...), un alignement linéaire et serré de compositions peintes par Mondrian (outre ce dernier avec dix-neuf toiles, étaient représentés dans l'exposition Léger, Gris et Baumeister).

Une instrumentalisation au service d'un projet de révélation : celle du dialogue entre forme et fonction dans l'élaboration d'un environnement de vie total (et que l'on aurait pu comparer – pour continuer à évoquer l'art de l'exposition – à la mise en page spatiale de quatre fauteuils Wassily signés Marcel Breuer, obliquement accrochés, l'un au dessus de l'autre, sur toute la hauteur d'un mur, telle qu'imaginée par le graphiste Herbert Bayer pour la participation du Werkbund allemand à l'exposition des Arts décoratifs de 1930 à Paris). Car si l'art exposé est de facto un état (dont la photographie d'exposition, en tant que document, exagère encore la dimension de fermeture), l'art de l'exposition ne doit son statut qu'à l'affirmation de l'exposition (pris cette fois comme « monument ») en tant que projet intellectuel et formel, ou maintenant comme processus ouvert ou moment d'un processus.

♦ **Ne pas en finir avec la fiction du sujet participant (vive la participation du spectateur). Slogan**

Pour rester volontairement sur le registre de l'évocation des souvenirs, il en est un autre qui me vient à l'esprit : celui de ces seules vues publiées de l'exposition *Plus by Minus : Today's Half Century* à l'Albright-Knox Art Gallery de Buffalo en 1968. Là où plusieurs personnes sont montrées escaladant et grimpant dans la salle des *Variations sur l'escalier* du Groupe de Recherches d'Art Visuel. Au delà d'un comique de situation digne de Jerry Lewis, ce qui m'avait retenu, c'est que j'identifiais là François Morellet et son épouse Danielle interprétant le rôle du spectateur lambda. La même Danielle qui, coiffure à l'égyptienne et vêtu d'une mini-robe argentée, illumine de sa présence les images du *Parcours* conçu par le groupe pour l'exposition *Art vivant 1965-1968* à la Fondation Maeght.

Pareillement, et c'est l'occasion ici de rendre hommage à cet excellent artiste très récemment disparu que fut Yvaral, que dire de ces images montrant des expérimentateurs de sa *Structure instable* où l'on a le choix entre : Otto Hahn et Pierre Restany (la légende s'empresse de les nommer) ou une jolie femme en ensemble pantalon à fines rayures et boucle d'oreilles en métal op-designée (elle-même sorte d'écho à la mode « responsive eye » des mannequins photographiées « all over » par Cecil Beaton devant les Pollock exposés chez Betty Parsons).

Mais après tout, n'est-ce pas Franck Gautherot (jeune et svelte) dont le reflet se démultiplie dans le *Triangular Pavilion* de Dan Graham exposé au Consortium en 1987, Eric Troncy qui lit un livre sur une banquette activant l'éclairage d'un globe suspendu dans la grande salle de l'exposition d'Angela Bulloch à l'Usine en 1997, et voilà le fils d'Irène qui « joue » (mais joue-t-il ?) de la guitare dans le *Rehearsal studio* de Rirkrit Tiravanija : souhaitons-leur de passer dans la légende.

♦ La voie du récit (et le renouveau de l'illustration). Proposition

Ainsi mise en scène et représentation sont-elles aussi de mise dans les vues d'expositions dites interactives : le nombre (plus important), la jeunesse et l'anonymat (provisoire ou bien réel) des interprètes ne changeant rien à l'affaire.

A moins que, respectueux de la vraie nature de l'Esthétique Relationnelle (loin donc des caricatures ou des traductions frauduleuses dont les néo-réactionnaires de tous bords l'accablent), on accepte, au nom d'une production réelle de socialisation, que la mémoire de l'exposition relève de la photographie de spectateur (comme un temps on a pu parler de la photographie d'amateur).

Pour *Snow dancing*, en ne souhaitant pas la présence d'un photographe lors de l'évènement social (une soirée entre party et fête promotionnelle) qui devait « produire » (par l'activation du dispositif mis en place) l'exposition, dont l'ouverture au « public » était prévue le lendemain, Philippe Parreno s'inscrivait déjà dans cette autre logique : il savait que les seules images de ce qui n'était pas encore l'exposition, mais conditionnait celle-ci et inaugurait son processus, seraient le fait des seuls participants, animés d'intentions propres, libres de leurs interprétations, dans l'instant et seulement dans l'instant qu'ils vivaient : et, utilisées et parce qu'utilisées, ces images sont belles. Au point même que, plus tard, nous avons envisagés de n'utiliser pour le catalogue qui devait inventorier son travail, que des photos d'œuvres en exposition prises par des visiteurs, imaginant même de classer par dominante colorée, ces images techniquement incorrectes.

Car il est clair que leur fonction n'est pas de témoigner (de faire la preuve) mais bien de servir d'illustrations, comme les dessins des livres d'aventure du siècle passé, pour des expositions pensées comme des séquences ou des interstices de temps, là et surtout quand se croisent des récits fondateurs, naissent des récits souvenirs ou commentateurs.

Comme si à la différence de l'art (qu'il faut archiver), l'art exposé pouvait être raconté ... raconté ... oui mais raconté.

L'EXPOSITION : UN ESPACE PUBLIC CONTINGENT CHEZ LES AVANT-GARDES HISTORIQUES (1910-1920)

Elitza Dulguerova

L'intérêt pour les expositions temporaires d'art moderne et contemporain, de plus en plus fréquent depuis une vingtaine d'années en histoire de l'art, soulève des paradoxes épistémologiques aussi bien que méthodologiques. Qu'est-ce qu'on étudie au juste lorsque, comme dans les expositions de groupe du début du 20e siècle, il n'y a pas une pensée homogène de l'accrochage ? Lorsque la considération de l'espace s'arrête, comme le souligne Jean-Marc Poinsot, à sa représentation dans l'œuvre et non pas à l'espace de présentation[11] ? Quel serait l'objet d'une histoire des expositions si ce n'est celle des œuvres qui y étaient exposées[12] ?

Partons plutôt des données empiriques, regardons ces expositions d'art moderne que l'histoire de l'art a retenues à titre d'exemplaires (« Une documentation sur 30 expositions exemplaires du 20e siècle » est le sous-titre du recueil de vulgarisation *L'art de l'exposition*) : il s'agit du *Premier salon d'automne allemand*, Berlin 1913, l'*Armory Show*, New York 1913, la *Dernière exposition futuriste de tableaux 0,10 (zéro-dix)*, Petrograd 1915-16, la *Première Foire dada internationale*, Berlin 1920, l'*Exposition internationale du surréalisme* à Paris en 1938... Souvent ces expositions sont choisies comme des « repères » ou des « stations » de l'art moderne : la rétrospective *Stationen der Moderne*, tenue à Berlin en 1988, offrait une relecture de l'art allemand au 20e siècle par le biais de ses expositions marquantes ; le livre *Avant-garde in Exhibition* de Bruce Altshuler (1994) revisite le « nouvel art du 20e » en jalonnant ses expositions. La méthode adoptée marque donc le retour à une conception événementielle de l'histoire de

[11]« [...] la conception de l'espace de Malevitch, Lissitzky ou Mondrian n'a pas pu passer d'une représentation dans leur tableaux à un principe d'organisation de l'espace public de l'art, ni même à articuler, directement et durablement, la syntaxe discursive du nouveau format qui commence avec l'exposition à prendre consistance » (Poinsot 1999: 47).

[12]En dehors de ces « prestations artistiques » que leurs premières mises à vue ne font qu'actualiser : « L'exposition est une situation de discours complexe qui possède ses propres règles en permanente évolution, mais n'a pas d'histoire propre indépendante des prestations esthétiques qu'elle actualise » (Poinsot 1999: 35-36).

l'art, dans laquelle quelques expositions notoires d'art moderne sont envisagées comme des moments forts qui cristallisent des ruptures d'épistémè et réfléchissent, au sens presque physique du terme, des processus historiques en art. Mais en vertu de quoi celles-ci sont prélevées comme canoniques, ou exemplaires, au détriment d'autres ? Qu'est-ce qui les constitue en événements ?

La critique d'art Reesa Greenberg a théorisé l'idée d'événementialité de l'exposition par l'introduction du concept d'« événement discursif ». Plutôt que de lire une exposition comme « texte » que le visiteur aurait à déchiffrer, elle suggère de l'envisager dans une perspective pragmatique, comme le lieu et le temps de rencontre de différents discours :

« [...] un modèle qui poserait l'exposition moins comme une entité et plus comme un événement, moins comme finie et fixe et plus comme un phénomène temporellement fluide, moins comme une construction insulaire et plus comme une structure relationnelle dans ses connections internes et externes, moins comme « adresse » et plus comme conversation [...] »[13]

Cette approche a l'avantage de porter l'accent sur les relations entre les « acteurs » d'une exposition, de prendre en considération sa temporalité et de réfléchir à son inscription dans un espace public de négociation du visible.

Ce que je retiens de l'analyse d'une exposition comme événement discursif, c'est qu'elle exige de penser *l'aléatoire* qui naît au gré des rencontres entre plusieurs instances d'énonciation : participants, commissaires, publics, œuvres, textes, lieu, contexte social, période historique. Et simultanément – de tenir compte de

[13]Je traduis. Voici l'original : "What if another verbal model for exhibitions is considered, a model which posits the exhibition less as entity and more as event, less as finite and fixed and more as a temporally fluid phenomenon, less as an insular construct and more as a relational structure in its internalized and externalized connections, less as address and more as conversation – in other words, the exhibition as a discursive event? Such a model would emphasize the oral rather than the written; the social rather than the individual; the poetic rather than the predictable; and permeable, aleatory meanings rather than interpretations based on interpolation, interrogation, or iconography" (Greenberg 1995:120).

l'intentionnalité très forte sans laquelle une exposition ne deviendrait pas événement (en plus de ma propre intentionnalité d'historienne, celle des acteurs de l'exposition – selon les cas, artistes, commissaires, commanditaires ...).

Dans ma thèse de doctorat, je m'intéresse à la pratique de l'exposition chez les avant-gardes dites historiques des années 1910-1920, comme moyen de produire un espace public et d'agir sur l'histoire. J'ai vite remarqué que le choix de l'objet se reflétait dans ma méthode, m'obligeant à évoluer entre les aléas des indices dispersés et insuffisants qui reconstituent l'exposition, et l'intentionnalité de ma démarche anachronique qui cherche à créer l'événement d'une exposition à partir de ces données hétéroclites, à une époque où même la fonction de commissaire n'existait pas, partagée entre les artistes et leurs galeristes. Seule la prise en compte des différents discours permet à l'historien de l'exposition de ne pas réitérer le déterminisme des artistes d'avant-garde, désireux de maîtriser les aléas de leurs projets et de diriger leur portée historique.

Je trouve l'étude de l'exposition des artistes d'avant-garde dans les années 1910-1920 pertinente justement en raison de cette forte tension entre une intentionnalité déclarée, et l'aléatoire du fait même de l'exposition. Elle fait émerger une situation de contingence qui rend possible la production d'événement : non pas comme le résultat d'une volonté d'artiste, mais au croisement d'une intention, d'une production et d'une réception. Je partage l'avis de T. J. Clark (1999) que la contingence est un des traits exemplaires de la modernité :

« "Modernité" veut dire contingence. Elle indique un ordre social qui s'est détourné de l'adoration des ancêtres et des autorités passées vers la poursuite d'un futur projeté – de biens, de plaisirs, de libertés, de formes de contrôle sur la nature ou d'infinités d'information[...] »[14]

---

[14]Je traduis. Voici la citation entière : "'Modernity' means contingency. It points to a social order which has turned from the worship of ancestors and past authorities to the pursuit of a projected future – of goods, pleasures, freedoms, forms of control over nature, or infinities of information" (Clark 1999: 7).

Dans une exposition, à cause de sa temporalité fugace et brève, le temps présent paraît atteindre un avenir possible : l'aléatoire d'aujourd'hui pourrait demain s'avérer une réalité, moyennant une intention claire. Cette potentialité temporelle de l'exposition se voit redoublée par la spécificité discursive de son espace, lui aussi potentiel, grâce à la capacité de légitimation propre à l'acte d'exposer. On peut dire que l'espace est aussi contingent, espace de présentation – et de représentation – à la fois.

Cette contingence de l'événement-exposition est exploitée par les avant-gardes historiques sur trois plans : au sein de la production d'art d'abord, l'exposition rend légitimes de nouvelles pratiques et productions artistiques ; en deuxième lieu, sa durée brève en fait un moyen d'agir sur l'histoire, d'en infléchir le cours chronologique par un événement expositionnel marquant ; enfin, son espace discursif lui confère un statut semblable à celui d'une nouvelle institution de l'art.

Plutôt que d'envisager le rapport des avant-gardes à l'institution de l'art sous le signe d'une contestation et d'une critique manquées[15], je voudrais, dans le cadre de cette communication, montrer la part *institutionnelle* des expositions des avant-gardes que l'étude de leur espace discursif et de leur temporalité contingente fait ressortir.

Une exposition temporaire de groupe ne fonctionne pas comme les institutions dominantes auxquelles les avant-gardes s'opposent. Elle est indépendante de l'État, à caractère plutôt commercial et offre un accès ciblé à un choix limité de productions artistiques[16]. L'hypothèse que je soumets ici est que l'exposition ait pu constituer, pour les avant-gardes et pour leur public, dans un laps de temps précaire et fugace, une figure positive d'institution certes inexistante mais possible que je désignerai comme

[15]Telle a été l'orientation des débats qui ont suivi la parution de la *Théorie des avant-gardes* de Peter Bürger (1974). P. ex. Habermas 1983, Foster 1994. L'antagonisme comme trait des avant-gardes est d'abord articulé par Renato Poggioli (1968).

[16]Martha Ward (1996) a montré qu'en France l'exposition temporaire de groupe avait un statut et fonction clairement établis, distincts des Salons et des autres structures de présentation, dès les années 1890.

« institution temporaire ». La *Dernière exposition futuriste de tableaux 0,10 (zéro-dix)*, la *Première foire dada internationale*, les expositions moscovites *Valet de carreau* (1910), *Queue d'âne* (1912) et *Cible* (1913) sont devenues des événements « exemplaires » puisque, au-delà du caractère souvent novateur des œuvres que ces expositions présentaient, elles étaient conçues, par les artistes, et reçues, par le public, comme des lieux qui façonnaient un espace de visibilité publique. Dans ce sens, elles fonctionnaient comme des « institutions temporaires ». Une structure institutionnelle connote habituellement un ancrage durable dans un temps stable, voire immuable ; à l'inverse, le temporaire se définit comme passager. La tension entre ces deux termes dans l'oxymore « institution temporaire » signale que l'espace de l'exposition est un lieu qui a trait à un temps transitoire, un lieu qui n'a pas lieu, *utopique*. L'exposition serait-elle encore une figure de l'inachèvement, de l'« échec » des avant-gardes ? Pas exactement, parce que le temps d'une exposition est aussi le temps immédiat, actuel, de son déroulement. Dès lors, l'espace de l'exposition acquiert un statut institutionnel contingent, comprimant le présent et l'avenir dans le moment actuel[17].

L'exposition se constitue donc en institution temporaire parce qu'en elle l'intentionnalité des œuvres et des artistes trouve le temps d'une réalisation possible et l'espace d'une distribution du visible qui engendre du pouvoir visuel. Pour cerner le rapport de l'espace expositionnel au pouvoir, Mieke Bal a prélevé trois contraintes principales, dans le cadre du musée : l'orientation monologique du discours visuel depuis une instance d'autorité ; la création d'un modèle exclusif du spectateur ; le jeu sur l'assimilation du visible au vrai dans les habitudes de regard occidentales

[17]Souvent le présent est considéré comme la dimension temporelle absente des projets des avant-gardes. Thierry de Duve estime que la présence leur est refusée, en vertu du jugement esthétique nominatif qui « brise le pacte à propos de ce que la peinture était et le noue aussitôt à propos de ce qu'elle sera » (De Duve 1984: 140). Hal Foster déplace la question en proposant l'après-coup (*deferred action*) comme temporalité propre des avant-gardes (Foster 1994: 18).

(Bal 1996: 8). Dans les expositions des avant-gardes historiques, au discours unidirectionnel correspond ce que je désignais jusqu'ici par « intentionnalité », mais celle-ci est en partie neutralisée, comme nous le verrons, par sa rencontre avec les autres discours qui produisent l'exposition et notamment ceux du public. La projection imaginaire d'un spectateur nouveau est présente dans l'attitude antagoniste et provocatrice des artistes vers le public qui pourtant n'en reste pas dupe. Mais le véritable enjeu de ces expositions réside dans la troisième caractéristique de Bal, l'indistinction du visible et du vrai. Leur impact institutionnel est engendré par le fait que le visible représenté dans la salle d'exposition a l'ambition de se substituer au visible tout court. Bien que construit et conventionnel, leur espace de visibilité est intentionnellement conçu – et souvent perçu – comme « naturel ». C'est justement en tant que représentation du visible que la *Dernière exposition futuriste 0,10* ait pu être blâmée comme « la limite de la morale humaine » ouvrant « le chemin du bagne » ; que la police soit intervenue lors de l'exposition *La queue d'âne* ; que la Société Impériale pour l'encouragement des Beaux-Arts se soit désengagée de l'exposition *Tramway V* le lendemain de son ouverture en mars 1915 à Petrograd ; que la *Foire dada* ait mérité un procès et le *Printemps dada* à Cologne en 1920 – une plainte pour obscénité.

La célèbre remarque du critique et artiste symboliste Alexandre Benois, qui comparait le *Quadrangle* (*Carré noir*) de Malevitch, présenté à l'exposition *0,10*, à une « icône » du temps nouveau en crise, prend toute sa signification dans une pensée de l'exposition comme discours du visible :

« Il est incontestable que le carré noir est "l'icône" que Messieurs les futuristes posent à la place des madones et des Vénus "impudiques" ; c'est cela [...] notre "nouvelle" culture avec ses moyens de destruction [...] » (Benois : p. 157).

Le *Carré noir* de Malevitch devient icône de la culture de la destruction, parce que l'espace de l'exposition émet un discours de répartition et de représentation publique du visible dans le temps présent, de sorte que la menace peut à tout moment y devenir réalité (contexte historique aidant, dans un pays en guerre marqué par la révolution récente de 1905). Certes, c'est la suspension du *Carré* à l'angle supérieur Est de la salle – emplacement destiné dans les maisons russes à l'icône –, qui est à l'origine de la réplique de Benois. Mais il n'y a pas que l'intention de l'œuvre. D'après les documents photographiques, l'accrochage du *Carré noir* fait partie d'un ensemble plus vaste d'œuvres suprématistes qui occupent presque intégralement les deux murs de la salle visible sur l'image. Il importe peu de savoir si cet agencement des œuvres imitait le principe d'organisation de l'espace dans un tableau suprématiste[18]. Intentionnelles ou non, les relations entre les différentes œuvres au sein de l'exposition *0,10* créent un espace qui les fait « parler ». Même les contre-reliefs de Tatlin, accrochés dans la salle voisine pour se démarquer des productions de Malevitch, rejoignent les tableaux suprématistes et les objets-sculptures de Pougny dans l'espace public de l'exposition. Ensemble, ils sont perçus par la presse comme une atteinte à la morale publique.

L'accrochage de ces œuvres n'aurait pu susciter un scandale, ni produire un événement sans une conception représentative de l'art qui fait une corrélation entre l'art, le visible et le réel et où l'exposition apparaît comme un espace de représentation publique du visible. Pour les artistes comme pour les spectateurs, cette représentation du visible a une valeur de réalité : l'intention d'affecter le spectateur croise donc des attentes déjà conditionnées. Il est vrai que le débat entre Malevitch et son critique Benois n'est pas nouveau, qu'il s'ancre sur une confrontation plus ancienne, inaugurée par la série de trois expositions du

---

[18]Les avis divergent, selon l'interprétation des propos de Malevitch dans « L'axe de la couleur et du volume » (1919) : « C'est pourquoi je pose : que les murs des musées sont des surfaces planes sur lesquelles doivent être placées les œuvres dans le même ordre que la composition des formes est placée sur la surface place picturale [...] » (1977: 73). Pour N. Smolik, l'idée est déjà à l'œuvre en *0,10* (*L'art de l'exposition*: 123-133), mais la plupart des chercheurs dissocient ce texte de l'exposition, de quatre années antérieure.

groupe de Larionov (*Valet de carreau*, *Queue d'âne* et *Cible*, 1910-13). Mais *0,10* offre à ce conflit son actualisation temporelle nécessaire. Elle condense la controverse passée, le danger à venir et la menace actuelle dans un moment présent intense. Le temps d'un vernissage ou d'une visite, l'exposition affirme et institue une nouvelle distribution du visible : le contingent y est déjà réel.

La contingence recoupe aussi la réalité à Berlin en 1920. Lorsqu'un procès est intenté aux organisateurs de la *Première Foire dada internationale* pour « outrage aux forces armées du Reich[19] », l'accusation ne vise pas que le mannequin à tête de cochon déguisé en général de l'armée allemande et portant une inscription parodique au cou, dont le corps était suspendu au plafond de la salle principale. L'exposition elle-même a produit un espace de visibilité publique où les mannequins sont perçus non pas en tant qu'objets d'exposition, mais dans leur double rôle de sujets et d'objets à la fois, atténuant la limite entre le spectateur et l'objet exposé. Une grande part d'intentionnalité, du côté des artistes, contribue à provoquer et à nourrir l'incertitude, en créant délibérément un environnement qui simule la perte de repères entre le réel et sa représentation. Cette confusion comprend une critique du politique : il s'agit pour les dada de figurer physiquement, dans l'espace de la galerie, les désastres et les traumatismes de la guerre[20]. Dans ce but, l'accrochage étale le principe du photomontage sur les murs de la galerie, juxtaposant les œuvres côte à côte et parfois même les plaçant les unes sur les autres, faisant ainsi irruption dans l'œuvre[21], lui amputant des morceaux comme pour prolonger la mutilation des corps représentés au sein de l'exposition.

---

[19]Source : Marc Dachy, *Journal du mouvement dada 1915-1923*, Genève, Skira, 1989, p. 110.

[20]Doherty (1997).

[21]Deux œuvres de petit format de G. Grosz, le tableau *Remember Uncle August, the Unhappy Inventor* (1919, huile, crayon et collage sur toile, 49 x 39,5 cm, Paris MNAM) et l'éventail-photocollage *La beauté des hommes allemands* (1919, détruit), étaient disposées, de façon tout à fait parasitaire, par-dessus le tableau monumental d'Otto Dix, *45% de capacité de travail* (1920, autour de 165 x 245 cm, détruit).

Un tel accrochage affecte l'intégrité de l'œuvre mais aussi le statut de son spectateur. Par ce renversement quelque peu forain des règles de l'art, les artistes dada montrent que la distance entre l'objet d'exposition et son public est infime et souhaitent l'abolir. C'est cette transgression qui provoque scandale. Le public, dans la mesure où nous pouvons en juger par la réception médiatique, ne reste pas dupe du double rôle que jouait cet espace d'exposition : espace de présentation de l'art, espace de représentation publique du visible.

La reproduction lithographique corrigée de la principale vue de la *Foire dada*, publiée dans le journal milanais *La domenica illustrata* du 20 juillet 1920, témoigne que l'exposition fut effectivement perçue et censurée en tant que l'avènement d'un espace public contingent, et non pas comme un ensemble d'œuvres. La retouche et la couleur s'y appliquent à ce qu'il y a de plus troublant pour le public : les visiteurs, que l'appareil photographique avait figés, dans la vue initiale, par une mise en scène théâtrale. L'arrêt sur l'image les assimilait, volontairement ou non, aux mannequins exposés dans la *Foire*. Le dessinateur du journal enlève cette ambiguïté, efface toute éventualité en introduisant des figures socialement reconnaissables et dispose, dans la chaise vide au centre de l'image, un stéréotype féminin qui regarde le spectateur droit dans les yeux, déclinant ainsi toute association avec la mécanicité des mannequins. Il manque, de la vue originale, tout ce qu'elle pouvait dire de la contiguïté entre cet espace artistique, potentiellement public, forain, et l'espace extérieur à la galerie. La fantasmagorie a réussi à paraître réelle : comme si la mécanicité des figures mutilées pouvait se propager en dehors des murs de la galerie, exposant les automatismes mécaniques de la société[22].

---

[22]Dans *Le rire. Essai sur la signification du comique*, Henri Bergson fait du « mécanique plaqué sur du vivant » la plus forte critique envers la société qui lui est contemporaine (Félix Alcan Éditeur, 1901, particulièrement p. 39-67). En considérant le rôle critique que devaient jouer les automates présentés dans la *Foire*, l'association au texte de Bergson semble plausible, d'autant plus que celui-ci était connu et lu par le Club Dada de Berlin.

La relation avec le public dans une situation d'exposition est donc en grande partie réciproque : à l'acte d'exposition du côté des artistes correspond un pareil acte d'exposition, du côté du public qu'est la presse. Les manifestations des avant-gardes sont souvent prises dans des situations de type « l'arroseur arrosé » (l'exposition exposée), mais l'intérêt de ces événements tient au fait qu'ils aient produit de la discussion. L'événement discursif « exposition *0,10* » ou « *Foire dada* » est le résultat de la rencontre entre les différents discours et opinions de l'exposition, pendant la durée de l'exposition et parfois même rétrospectivement. Le corpus des expositions « exemplaires » d'art moderne est d'ailleurs implicitement fondé sur ce critère de production d'un espace de discussion (sans que la discussion engendre nécessairement une entente).

Dans le contexte de prégnance expositionnelle du début du 20e siècle[23], l'Exposition (au sens large) est un mode non seulement de présentation mais aussi de communication. Pour constituer un espace public contingent, le discours[24] de l'exposition des avant-gardes bénéficie de l'apport de deux types de communication par le visible : celui des institutions dédiées à la présentation de productions artistiques dans un but formateur (Salons, musées) et celui des lieux plutôt mixtes comme la foire et les Expositions Universelles vouées à la monstration de marchandises dans un but consommateur.

Temporaire, à fonction commerciale, l'exposition artistique se rapproche de la foire. Les avant-gardes ont abondamment exploité ce modèle (de Larionov aux Dada) pour semer la confusion ou détourner des règles; le public s'en est aussi souvent servi pour récuser l'inconsistance de leurs expositions. Dans la foire, le temps présent est à l'honneur : on y expose pour apprendre au spectateur à

---

[23]De nombreux chercheurs ont souligné ce point à la suite de W. Benjamin. Voir, par exemple, Hamon (1989).

[24]Parler ici de discours de l'exposition ne sous-entend pas ici la maîtrise de mécanismes élaborés d'« adresse » au spectateur comme ceux des expositions didactiques russes et allemandes de 1925-40 (cf. Lugon 1998).

consommer le visible immédiatement. Pour faciliter cette dévoration visuelle, la foire efface toute représentation du temps sauf l'immédiateté, toute caractéristique de l'espace sauf sa malléabilité à la transformation[25].

D'autre part, l'aspiration, tout aussi présente dans les expositions d'avant-garde, d'attribuer à la représentation du visible le statut d'une vérité et de la faire agir, est redevable au modèle muséal. Le musée applique le principe « Donner à voir et transformer » (plutôt que « Surveiller et punir »[26]), mettant son spectateur en position de juge de ce qui est exposé et l'assujettissant en même temps à un discours qui transmet l'histoire passée pour former et orienter le présent et l'avenir.

Les représentations du temps et de l'espace dans les expositions des avant-gardes sont modelées par ces deux discours du visible. Leur pouvoir repose sur une temporalité immédiate comme dans la foire – et éventuelle à la fois, se projetant en avant, comme au musée ; sur un espace conçu et perçu comme véridique (musée) et sujet en même temps à une transformation potentielle (foire). Les deux modèles convergent cependant quant à leur négociation avec le spectateur. Dans la foire comme au musée, ce que le spectateur voit agit sur lui, tout en ayant besoin de sa présence pour agir. Le public des expositions des avant-gardes agit sur elles en les exposant, mais il est aussi affecté par ce qu'il voit, c'est-à-dire par des œuvres d'art.

L'espace des expositions des avant-gardes n'est pas lui-même conçu comme une œuvre d'art[27] mais il se construit en interaction avec les œuvres. Il prolonge la double quête des artistes au tournant du siècle de délimiter un espace autonome pour l'art tout en le faisant agir au-delà de ces limites. L'ingénieuse réponse de Seurat, pour n'en citer

---

[25]Cf. Gunning 1999.

[26]Pour une lecture post-foucaldienne du musée, *cf.* Bal (1996), Bennett (1996). Dans une optique plus habermassienne de 'négociation', cf. les études de Crow (1984) et de Mainardi (1993) sur les Salons en France au 18e et 19e siècles.

[27]La relation participative de l'œuvre à son contexte se précise dans les années 1950, avec Yves Klein (cf. Poinsot 1999: 59-75).

qu'une, consistait à élaborer un dispositif de présentation à même l'œuvre – le cadre peint –, rendant ainsi « la terminaison de l'œuvre indécise » (Lebensztejn 1999, 205). Cette investigation de la frontière entre l'espace de représentation dans l'œuvre et l'espace de son exposition, prend chez les artistes d'avant-garde un tournant nouveau. Malevitch, Larionov ou les dadas en Allemagne exploitent les limites de l'œuvre pour produire un espace de représentation du visible différent, et rendent ainsi « la terminaison » de l'exposition indécise. Cela veut dire, parallèlement, que le concept de l'art qui soutient les pratiques des avant-gardes est davantage orienté vers la *réception publique* de l'art dans une situation d'exposition plutôt que vers la perception individuelle face à l'œuvre (comme l'étaient les recherches post-impressionnistes).

L'exposition s'est introduite comme différence au sein d'une *pensée de l'art* qui explore la réception immédiate – que ce soit dans l'espace public de la galerie ou de la presse –, qui explore aussi la réception différée, celle de l'histoire à venir. L'exposition devient ainsi matériau d'un art moderne de plus en plus occupé par son contexte historique et institutionnel. Cet art est réflexif et interventionniste à la fois. Il a dorénavant besoin de produire des événements contingents pour s'inscrire dans l'espace public et infléchir le cours chronologique de l'histoire (de l'art). Il explore l'« institutionnalité » potentielle de l'exposition en tant que situation de représentation publique du visible.

Mais une exposition ne produit un l'événement que lorsqu'elle est au croisement de plusieurs discours, lorsqu'elle accepte l'aléatoire comme partie intégrante. Autrement, sa force – la rencontre de plusieurs discours, soit la *discussion*, dans le temps présent, au sein d'un espace qui présente et représente à la fois – se voit réduite au silence de la seule domination.

Bibliographie

ALTSHULER, Bruce (1994), *The Avant-garde in Exhibition. New Art in the 20th Century*, New York, Harry N. Abrams Inc. Publishers.

L'art de l'exposition. Une documentation sur trente expositions exemplaires du XXe siècle (coll., 1998) [1991], trad. fr., Paris, Les Éditions du Regard.

BAL, Mieke (1996), *Double Exposures. The Subject of Cultural Analysis*, New York/London, Routledge.

BENNETT, Tony (1996), "The Exhibitionary Complex", *in* GREENBERG et al. (eds., 1996), p. 81-112.

BENOIS, Alexandre (1916), « La dernière exposition futuriste », trad. fr. dans MALEVITCH (1977), p. 156-157.

BÜRGER, Peter (1984), *Theory of the avant-garde* [1974], Minneapolis, University of Minneapolis Press.

CLARK, T. J. (1999), *Farewell to an Idea: Episodes from a History of Modernism*, New Haven and London, Yale University Press.

CROW, Thomas (1988), "The Salon Exhibition in the Eighteenth Century and the Problem of its Public", *Painters and Public Life in Eighteenth Century Paris,* New Haven and London, Yale University Press, p. 1-22.

DE DUVE, Thierry (1984), *Nominalisme pictural. Marcel Duchamp, la peinture et la modernité*, Paris, Macula.

DOHERTY, Brigid (1997), "'*See: We Are All Neurasthenics!*' or, The Trauma of Montage", *Critical Inquiry*, vol. 24, n° 1, p. 82-132.

FOSTER, Hal (1994), "What's Neo about the Neo-Avant-Garde ?", *October*, no. 70, p. 5-32.

GREENBERG, Reesa (1995), "The Exhibition as Discursive Event", *Longing and Belonging: From the Faraway Nearby: Site Santa Fe, 1995*, Santa Fe, p. 120-125.

GREENBERG R., B. W. FERGUSON, S. NAIRNE (eds., 1996), *Thinking about Exhibitions*, London & New York, Routledge.

GUNNING, Tom (1999), « L'image du monde : cinéma et culture visuelle à l'Exposition internationale de Saint Louis

(1904) », dans *Le cinéma au tournant du siècle*, Lausanne, Payot/Nota Bene, p. 51-62.

HABERMAS, Jürgen (1983), "Modernity – An Incomplete Project", *in* H. Foster (ed.), *The Anti-Aesthetic: Essays on Postmodern Culture*, Seattle, Bay Press.

HAMON, Philippe (1989), *Expositions. Littérature et architecture au XIXe siècle*, éditions José Corti.

KRAUSS, Rosalind (1990), « Les espaces discursifs de la photographie », *in Le photographique. Pour une théorie des écarts*, Paris, Macula, p. 37-56.

LEBENSZTEJN, Jean-Claude (1999), *Annexes – de l'œuvre d'art*, Bruxelles, La Part de l'Œil.

LUGON, Olivier (1998), « La photographie mise en espace : les expositions didactiques allemandes (1925-1945) », *Études photographiques*, n° 5, Paris, novembre 1998, p. 97-118.

MAINARDI, Patricia (1993), *The End of the Salon: art and the state in the early Third Republic*, Cambridge, New York, Cambridge University Press.

MALEVITCH, K. S. (1977), *Le Miroir suprématiste*, Lausanne, l'Age d'Homme.

POGGIOLI, Renato (1968), *The theory of the avant-garde*, Cambridge, Mass. and London, Harvard University Press.

POINSOT, Jean-Marc (1999), *Quand l'œuvre a lieu. L'art exposé et ses limites institutionnelles*, Genève, MAMCO, Villeurbanne, Musée d'art contemporain.

Stationen der Moderne. Die bedeutenden Kunstausstellungen des 20. Jahrhunderts in Deutschland, Berlin: Nikolai, 1988.

WARD, Martha (1996), "What's Important about History of Modern Art Exhibitions?", *in* GREENBERG et al. (eds., 1996), p. 451-464.

Petite théorie du musée (après Duchamp, d'après Broodthaers)

Thierry de Duve

La table ronde de ce matin, dans laquelle Catherine Perret m'a placé, a pour titre « Théories de l'exposition ». J'aurais peut-être, à la réflexion, été mieux à ma place dans celle de cet après-midi, intitulée « L'art exposé », car ce que j'aimerais vous exposer, ce n'est pas une théorie de l'exposition mais plutôt quelque chose comme une théorie de la collection ou une théorie de l'art — une théorie de ce qui est déjà collectionné sous le nom d'art — elle-même exposée au risque de l'art exposé. Et de l'art exposé, lui, au risque de n'être pas de l'art. Ce qui me paraît après tout une assez saine définition de l'art contemporain. Une œuvre d'art serait contemporaine — par opposition à moderne, ancienne, classique, tout ce que vous voudrez — tant qu'elle demeure exposée au risque de n'être pas perçue comme de l'art. J'ajoute que je souhaiterais volontiers que telle fût la norme pour tout art, y compris celui qu'on nomme moderne, ancien, classique, ou tout ce que vous voudrez. Ce serait un signe de santé pour l'institution artistique et la condition d'un musée vivant.

Vous me pardonnerez de toujours m'orienter, comme à une boussole, au message apporté dès 1917 par un certain Marcel Duchamp, à savoir qu'il est possible, techniquement, et légitime, institutionnellement, de faire de l'art avec n'importe quoi. Il est clair qu'à partir du moment où la culture a pris conscience de cette réalité, être exposée au risque de n'être pas perçue comme de l'art est la seule vraie dignité à laquelle une œuvre d'art peut aspirer. L'alternative, en effet, est une théorie institutionnelle de l'art du genre de celle que George Dickie avait cru naguère pouvoir tirer des readymades de Duchamp : « Une œuvre d'art au sens classificatoire est 1/ un artefact, 2/ dont un ensemble d'aspects s'est vu conféré le statut de candidat à l'appréciation par une ou plusieurs personnes agissant au nom d'une certaine institution sociale, le monde de l'art. » En résumé : l'art, c'est ce que le monde de l'art nomme art. Cette définition circulaire donne tout pouvoir à un monde de l'art institutionnalisé de part en part, et caractérisé comme post-duchampien dans la mesure où sans Duchamp, on ne voit pas bien ce qui aurait rendu nécessaire de la substituer à des définitions plus traditionnelles qui s'appuient sur le métier, le médium, la qualité esthétique ou que sais-je. Ce qui m'amuse dans la théorie de Dickie, c'est que toute perverse qu'elle soit, elle est comme la mienne, mais tout à fait involontairement, exposée au risque de l'art exposé au risque de n'être pas de l'art. Car Dickie ajoute — textuel : « Comme œuvres d'art, les readymades ne valent sans doute pas grand-chose, mais comme exemples d'art ils sont très précieux pour la théorie de l'art. » On peut dire d'une croûte que comme peinture, elle ne vaut pas grand-chose, tout en reconnaissant que la peinture est un art, mais quand on dit d'une pissotière qu'elle ne vaut pas grand-chose comme art, c'est qu'elle n'est pas de l'art du tout. S'il faut malgré tout fonder une théorie de l'art là-dessus, alors le seul art que la théorie de Dickie nous donne à admirer chez Duchamp, c'est l'art du stratège.

On en a vu les effets pervers chez beaucoup de petits malins qui ont compris que l'important, pour être artiste, c'est de développer la bonne stratégie pour pénétrer l'institution artistique. On les a vus jusque dans nombre d'écoles d'art qui, sans le dire et même souvent sans vraiment le comprendre, ont mis la stratégie de pénétration en tête de liste des matières à enseigner, et cela, comble de l'ironie, sous couvert de critique institutionnelle. Je combats cet état de fait depuis longtemps, et sur plusieurs fronts. Pour l'heure, en travaillant théoriquement à prouver que la théorie institutionnelle de l'art est fausse et, critiquement, en faisant le tri entre les œuvres qui ont accusé réception de celle de Duchamp. N'importe quel fabricant de readymades n'est pas un grand artiste pour autant. En me basant sur l'œuvre de Marcel Broodthaers, premier grand artiste, me semble-t-il, à avoir clairement compris les conséquences du readymade duchampien sur l'ensemble du champ artistique, je tenterai de briser le cercle vicieux qui paraît régir le fonctionnement du monde de l'art actuel. Au centre de l'analyse se trouve l'éthique du musée.

La carrière de Marcel Broodthaers, poète peu lu et désargenté comme le sont les poètes, commence en 1964 lorsqu'il décide de tenter sa chance comme artiste plasticien et obtient une exposition à la galerie Saint Laurent à Bruxelles. Imprimé sur des macules d'imprimerie, le carton d'invitation portait le texte suivant :

« Moi aussi je me suis demandé si je ne pouvais pas vendre quelque chose et réussir dans la vie. Cela fait un moment déjà que je ne suis bon à rien. Je suis âgé de quarante ans… L'idée enfin d'inventer quelque chose d'insincère me traversa l'esprit et je me mis aussitôt au travail. Au bout de trois mois, je montrai ma production à Ph. Edouard Toussaint, le propriétaire de la galerie Saint Laurent. Mais, c'est de l'art, dit-il et j'exposerais volontiers tout ça. D'accord lui répondis-je. Si je vends quelque chose il prendra 30 %. Ce sont, paraît-il des conditions normales certaines galeries prenant 75 %. Ce que c'est ? En fait, des objets. Marcel Broodthaers. »

Savourons l'humour froid de ces quelques lignes. Jouant les ingénues, Broodthaers affirme sans ambage que sa réussite dans la vie dépend de son succès commercial et avertit honnêtement qu'il est motivé par l'insincérité. Quand on pense que la sincérité n'est au fond rien d'autre que le sentiment d'être honnête, le retournement ne manque pas de sel. Broodthaers ayant compris comme nul autre la perversité d'un monde de l'art qui conçoit l'art comme stratégie, il commence par afficher la sienne : puisque le succès de Duchamp a démontré que tout et n'importe quoi pouvait être de l'art pourvu qu'il soit reconnu comme tel par l'institution, qu'il soit dit haut et fort que les artistes après Duchamp n'ont plus d'autre art à maîtriser que celui de la stratégie leur permettant de pénétrer ladite institution. Aussi fait-il valoir – lui le bon à rien de quarante ans qui n'a encore rien vendu – sa cooptation par le monde de l'art. Ce n'est pas l'artiste, c'est le propriétaire de la galerie qui dit : « Mais, c'est de l'art, et j'exposerais volontiers tout ça. » Fort de cette cooptation, Broodthaers s'est lancé dans la production d'objets, auxquels non sans ironie il colla le label de « Pop Art belge », qui étaient en réalité de subtils commentaires allégoriques sur la situation de l'artiste

« vendu avant d'avoir été acheté ». Quatre ans plus tard, Broodthaers met fin à sa phase « Pop Art belge » et entame sa phase « Musée d'art moderne », qui s'ouvre le 30 mai 1968 avec l'occupation du Palais des Beaux-Arts de Bruxelles par un groupe d'artistes contestataires.

En plein mai 68, alors que tout le monde cède à un désir purement imaginaire d'une dissolution des institutions, Broodthaers comprend que l'artiste est irrémédiablement compromis, et ce d'autant plus que le monde de l'art dans lequel il évolue est ce monde post-duchampien institutionnalisé qui, avec plus ou moins de cynisme et plus ou moins d'inconscience, s'est aligné sur la règle circulaire de George Dickie : un musée est un musée d'art s'il contient de l'art ; tout ce qu'un musée d'art contient est automatiquement de l'art. Pour briser le cercle vicieux de cette tautologie, Broodthaers se donne alors le statut de directeur de musée. De directeur réel d'un musée de fiction. Créé le 27 septembre 1968 à son domicile à Bruxelles et inauguré par Johannes Cladders, un véritable officiel du monde de l'art post-duchampien, le Musée d'Art Moderne, Département des Aigles connut divers avatars dont un des derniers fut la Section des Figures, à Düsseldorf, en 1972. Broodthaers, dans le rôle qu'il s'était donné de directeur de musée, rassembla à la *Kunsthalle* de la ville quelque trois cents objets dans une exposition intitulée *L'Aigle de l'Oligocène à nos jours*. Certains de ces objets étaient des œuvres d'art reconnues, d'autres de simples *choses* prélevées dans la culture vernaculaire ou dans les musées d'histoire naturelle. Tableaux de maître ou bouteilles de bière, bibelots précieux ou bagues de cigare, enluminures ou publicités, sculptures précolombiennes ou emblèmes militaires, tous ces objets étaient à l'image de l'aigle et tous avaient été empruntés à des collections publiques ou privées. Chacun d'eux était accompagné d'un petit écriteau de plastique noir stipulant, en trois langues alternées, « Ceci n'est pas un objet d'art ». Dans le catalogue, Broodthaers précise que ces écriteaux « illustrent une idée de Marcel Duchamp et de René Magritte », et juxtapose sur deux pages qui se font face la photo de la version-Schwarz de l'urinoir de Duchamp et la reproduction de *La trahison des images* de Magritte, le fameux tableau où Magritte légende une image de pipe au moyen de la phrase « Ceci n'est pas une pipe ». Deux ans plus tard, il confirme à Irmeline Lebeer : « "Ceci n'est pas un objet d'art" est une formule obtenue par la contraction d'un concept de Duchamp et d'un concept antithétique de Magritte. »

La contraction a la simplicité de ces idées lumineuses qui peuvent pour longtemps masquer la complexité de la pensée qui les sous-tend : « Ceci est un objet d'art » + « Ceci n'est pas une pipe » = « Ceci n'est pas un objet d'art. » Broodthaers emprunte à Magritte de quoi nier Duchamp. L'étonnant est cet emprunt. Broodthaers, en effet, n'avait nul besoin d'en passer par Magritte pour inverser l'opération qui consacre un readymade. Ce qu'il me semble avoir compris comme nul autre, c'est qu'un objet quelconque, pourvu qu'il soit présenté dans et par ce monde de l'art où règne la tautologie, est automatiquement accompagné d'une étiquette invisible qui dit « ceci est de l'art ». Aussi automatiquement, à vrai dire, qu'une image de pipe est accompagnée d'une étiquette invisible disant « ceci est une pipe ». Une équation s'établit ainsi entre le pouvoir de l'institution et le pouvoir des images. Non seulement Broodthaers a compris que le geste de Duchamp avec le readymade avait été de réduire l'œuvre d'art à la phrase qui la consacre, et que cette phrase, ce n'est pas l'artiste qui possède l'autorité de la prononcer mais bien le présentateur institutionnel, mais il a aussi compris que le geste de Magritte avec *La trahison des images* était d'avoir réduit la *représentation* à la *présentation.* Même en écrivant en toutes lettres « Ceci n'est pas une pipe » sous l'image *représentant* une pipe, on ne peut tout simplement pas empêcher l'image d'être le *présentoir* de la pipe. Les deux gestes, celui de Duchamp et celui de Magritte, se lient l'un à l'autre par une équation dont le moyen terme est la notion de pouvoir, où « pouvoir » signifie d'un côté « autorité de l'institution » et de l'autre « puissance de conviction des images figuratives ». La perception de cette équation est le coup de génie et l'œuf de Colomb de Broodthaers. Elle est aussi ce qui fait le saut qualitatif entre sa phase « Pop Art belge » et sa phase « Musée d'art moderne ». Rien n'en prend mieux acte que ce passage de son entretien avec Irmeline Lebeer où la conversation glisse de l'art engagé à l'art *indifférent.* On fait de l'art indifférent, suggère Broodthaers, « à partir du moment où l'on est moins artiste, où la nécessité du faire ne plonge ses racines que dans le souvenir. Je crois que mes expositions ont dépendu, et dépendent encore des souvenirs de l'époque où j'assumais la situation créatrice sous une forme héroïque et solitaire. Autrement dit – Autrefois : Lisez, regardez – Aujourd'hui : Permettez-moi de vous présenter… »

C'est toute une théorie éthique du musée qu'on pourrait tirer de la pratique de Broodthaers, et je pense que c'est la théorie que notre époque requiert d'urgence. Une théorie qui ne serait pas humaniste, et qui ne serait pas pour autant anti-humaniste. Elle fonde la légitimité éthique, et donc politique, du musée sur la présentation et non sur la collection, sur l'exposition publique et non sur le patrimoine. La légitimation humaniste du musée tient l'art pour une propriété collective de l'humanité et fonde la publicité du musée sur l'universalité de son caractère patrimonial. Elle est par conséquent vulnérable aux innombrables critiques adressées à l'humanisme – disons, depuis Nietzsche – dont par exemple celle qui traduirait dans les termes du débat communautariste la situation du petit monde de l'art coopté et circulaire que nous connaissons. Broodthaers enseigne qu'il convient d'inverser l'argument humaniste : celui-ci voulait que puisque l'humanité possède ce trésor collectif qu'on appelle art, les hommes et les femmes ont le droit d'y avoir accès. Il faut dire à l'inverse : pourvu que les hommes et les femmes aient accès au trésor et soient libres à chaque instant de mettre son statut d'art en cause, son maintien dans les collections publiques est justifié. Telle serait la maxime d'une théorie éthique du musée véritablement exposée au risque de l'art exposé au risque de n'être pas de l'art. Le risque qu'elle court est très réel, car elle défend l'art contemporain en fragilisant l'art moderne, ancien, classique, ou tout ce que vous voudrez, c'est-à-dire en exposant le patrimoine au même risque que celui qui définit l'art contemporain. Voici quelques linéaments de cette théorie.

Les musées sont des entrepôts ouverts au public.

La conservation et la présentation sont les deux fonctions principales du musée. La théorie post-Broodthaers soutient que « présentation » est le mot-clef. Elle dit que la légitimité éthique du musée dans son rôle de collectionneur et de conservateur découle de sa tâche de présentateur, et non l'inverse. Présenter quelque chose, c'est répondre à la question « quoi ? » par une quasi-phrase ostensive composée de trois déictiques : « ceci, ici, maintenant. » Des présentoirs variés tels que cadres, socles, vitrines, éclairage, ou les murs blancs de la salle d'exposition, ont la même fonction que « ceci, ici, maintenant ». De tels présentoirs ne sont pas propres aux musées d'art. On les trouve aussi bien dans des galeries d'art, dans des Salons ou des *Kunsthallen,* qui ne collectionnent pas. On les trouve aussi dans d'autres musées, dans des galeries marchandes, des grands magasins, des foires commerciales, des stands d'information, des parcs à thème et toutes sortes d'étalages, sans oublier les lieux d'habitation privés. Ce qui est propre aux musées et aux galeries d'art est que les choses qui s'y trouvent présentées le sont en tant qu'art. La quasi-phrase ostensive se complète donc ainsi : « ceci, ici, maintenant, est de l'art. » Ou, plus court (l'ici et le maintenant étant implicites dans l'énonciation de la phrase) : « Ceci est de l'art. »

Toute chose quelconque ayant réussi à s'introduire dans un musée ou une galerie d'art porte une étiquette invisible disant « Ceci est de l'art ».

Si le musée s'acquitte de sa tâche éthique, l'étiquette est une citation, autrement dit, la phrase est entre guillemets. Lorsqu'un musée présente quelque chose en tant qu'art, c'est comme s'il disait : « Voici un cas de "Ceci est de l'art" ». Dans la bouche du musée, si je puis m'exprimer métaphoriquement, la phrase « Ceci est de l'art » n'est pas un performatif mais quelque chose comme un performatif cité. Elle ne transforme pas la chose présentée en art, elle la cite comme étant déjà nommée art. Ceci signifie que le musée ne s'arroge pas le pouvoir de transformer la chose en question en art et décline cette responsabilité. Cependant, en tant que musée d'art et non d'autre chose, le musée a une responsabilité qu'il ne peut pas décliner et un pouvoir qu'il doit endosser : ceux de présenter les choses qu'il étiquette « Ceci est de l'art » *au nom de l'art.*

Présenter quelque chose au nom de l'art, c'est agir comme si on était mandaté par l'art lui-même pour demander que cette chose, ici et maintenant citée comme étant de l'art, soit confirmée dans son statut artistique.

Quand le musée agit au nom de l'art, il s'adresse à chacun de nous personnellement, comme s'il disait : « Je vous demande de confirmer que cette chose, que je vous présente ici et maintenant citée comme étant de l'art, l'est en effet. » Ou, plus court : « "Ceci est de l'art", n'est-ce pas ? » Ou, plus long : « Je vous prie d'ôter les guillemets et de prendre vous-même en charge la phrase "Ceci est de l'art". » Il y a une solidarité intrinsèque entre le fait des guillemets autour de « Ceci est de l'art » et le fait que le *ceci* en question a été présenté *au nom de l'art.* Ce qui établit cette solidarité, c'est que l'objet présenté nous est aussi adressé. Il nous est présenté par son socle, son cadre, le mur blanc du musée, et il nous est adressé par le « Ceci est de l'art » à l'intérieur de ses guillemets.

Si vous prenez en charge le « Ceci est de l'art » en lui ôtant ses guillemets, la phrase devient votre jugement et vous baptisez cette chose, ici et maintenant, du nom d'art. Le résultat de ce jugement – ou de ce baptême – est que vous avez maintenant rentré la chose présentée dans votre collection d'art personnelle et imaginaire, de la façon que le musée l'a fait rentrer dans la collection publique et réelle. Il serait trop long de donner ici tout le raisonnement qui permet d'avancer que c'est bien de la même façon qu'opère le jugement privé qui approuve la phrase « Ceci est de l'art » citée par le musée et le jugement public des conservateurs de musée lorsqu'ils acquièrent une œuvre. Le nœud de l'argument, c'est la nature réflexive du jugement esthétique, qu'il faut supposer identique dans son fonctionnement chez l'amateur privé et chez le conservateur de musée, lorsqu'il collectionne. Une fois remarquée cette identité, les différences apparaissent. Ce n'est pas lorsqu'il collectionne, c'est lorsqu'il expose que le conservateur de musée agit au nom de l'art. C'est alors et alors uniquement qu'il doit se sentir mandaté par l'art lui-même. Quand il acquiert une œuvre pour les collections publiques, il est mandaté par l'Etat, la Nation, le Peuple, ou l'Humanité, autrement dit, il agit au nom du bien public. Quant à l'amateur privé, il n'est mandaté par personne si ce n'est lui-même et n'a pas à agir au nom de l'art pour satisfaire et justifier ses goûts.

Voici maintenant pour conclure ce qui rattache cette petite théorie éthique du musée – une théorie naïve dont je n'ai donné que les tout premiers linéaments – à la compréhension par Broodthaers non seulement de Duchamp mais surtout de Magritte. « Permettez-moi de vous présenter... », dit-il. Quand l'artiste Marcel Broodthaers prend le déguisement d'un directeur de musée, il n'assume que l'une de ses deux fonctions : la présentation. La collection, il la laisse à d'autres, et très explicitement : sur la couverture du catalogue de l'exposition de Dusseldorf se trouve imprimée la liste complète des collections publiques où il a emprunté les quelque trois cents objets à l'image de l'aigle qu'il expose. Broodthaers directeur d'un Musée d'art moderne se soumet-il à l'éthique du musée d'art ? Voilà le test. Là où d'ordinaire un musée d'art présente des choses en tant qu'art, Broodthaers les présente en tant que non-art. Plutôt que d'être accompagnés d'une étiquette invisible disant « Ceci est de l'art », les objets dans l'exposition sont accompagnés d'un cartel très visible et incongru disant « Ceci n'est pas un objet d'art. » La question se précise donc : les objets présentés comme n'étant pas de l'art le sont-ils néanmoins au nom de l'art ? En d'autres termes : la phrase « Ceci n'est pas un objet d'art » gravée sur les cartels est-elle entre guillemets ? Si la phrase est entre guillemets, elle implique une invitation adressée au spectateur de lui ôter ses guillemets et de juger en toute liberté si oui on non la chose présentée mérite d'être appelée art. La négation est déjà un indice. Nier très visiblement le « Ceci est de l'art » qui accompagne invisiblement toute chose qu'un musée présente en tant qu'art n'est au fond qu'une manière provocante de rendre explicite l'invitation au jugement. C'est l'opération du readymade rejouée à l'envers. On peut donc penser que la phrase est entre guillemets. Encore faut-il le prouver.

C'est ici qu'intervient le fait que pour rejouer l'opération du readymade à l'envers, Broodthaers s'est senti obligé d'en passer par Magritte. Voici un souvenir personnel. Quand ma fille avait cinq ou six ans et qu'elle apprenait à lire, je lui ai montré une carte postale de *La trahison des images.* Elle déchiffre : « Ce... ci... n'est... pas... une... pi... pe. Mais si c'est une pipe », s'exclame-t-elle. « Fume-la », lui répondis-je. Elle eut alors un charmant sourire entendu : « C'est un *dessin* de pipe. »

Si je vous dis « Socrate a sept lettres », sans vous dire si oui ou non j'ai mis des guillemets autour de « Socrate », vous n'en aurez pas moins compris que je parle du nom du philosophe et non du philosophe lui-même. De même, quand Magritte nous présente une pipe au moyen d'un dessin qui la représente, et qu'il inscrit sous le dessin la phrase « Ceci n'est pas une pipe », il invite même un enfant de six ans à comprendre, en deux temps : premièrement, qu'on ne peut pas empêcher un dessin d'être le présentoir de la chose qu'il représente ; et deuxièmement, qu'on ne peut pas davantage l'empêcher de se présenter lui-même. Le dessin de pipe agit comme des guillemets invisibles autour de la phrase « Ceci est une pipe ». En effet, il présente la pipe, et se traduit donc implicitement par l'énoncé linguistique « Ceci est une pipe », et il se présente lui-même, et se traduit par l'énoncé « Ceci est un dessin ». Comme « Socrate », dans la phrase « Socrate a sept lettres », présente le philosophe tout en se présentant lui-même comme le nom du philosophe.

Magritte fit la contre-épreuve dans cet autre dessin qu'a exploité Michel Foucault avec un brio inégalé, où *La trahison des images,* le tableau entier, est présenté/représenté sur un chevalet. Là, aucun doute possible : un chevalet est un présentoir, l'équivalent d'une paire de guillemets.

Les guillemets sont un présentoir. Le mot « ceci » est un présentoir. Un socle sous une statue, un cadre autour d'un tableau, un chevalet, un spot éclairant un objet, un mur blanc dans un musée, une vitrine sont des présentoirs. Le propre des présentoirs, autrement dit des déictiques comme le mot « ceci », est qu'il n'est jamais possible de nier de façon certaine leur indécidabilité quant au référent, ni de leur refuser l'autoréférence. Si je vous dis le mot « ceci » sans rien vous montrer du doigt, vous ne saurez pas de quoi je parle. Il faut la conjonction de deux déictiques pour fixer le référent, par exemple, un socle présentant l'urinoir de Duchamp et le « ceci » du « Ceci est de l'art » invisible qui accompagne sa présentation dans un musée d'art. Mais même alors, vous n'empêcherez ni le béotien incrédule ni le critique d'art à la page de lire le « ceci » comme désignant le socle et non l'urinoir. Le béotien incrédule se fâche et dénonce l'arbitraire du milieu de l'art qui s'entend pour imposer, au moyen des conventions de présentation réservées au grand art, le n'importe quoi au petit peuple qui n'y comprend mais. Le critique d'art à la page, rompu à la lecture de l'autoréférence, a compris depuis belle lurette que c'est le geste de Duchamp consistant à placer un urinoir sur un socle que le musée a placé sur le socle, et entreprend laborieusement d'en expliquer la théorie au béotien. Tous deux, chacun à leur manière, se soumettent à la théorie institutionnelle de l'art, que ce soit celle de George Dickie ou celle qui dit : « un musée est un musée d'art s'il contient de l'art ; tout ce qu'un musée d'art contient est automatiquement de l'art. »

Contrairement à ce que j'annonçais au début de mon exposé, je n'ai pas prouvé que la théorie institutionnelle de l'art est fausse, pour la simple raison qu'on ne peut pas prouver la fausseté d'une tautologie. Je n'ai pas davantage prouvé que les cartels de Broodthaers dans l'exposition de Düsseldorf mettent la phrase « Ceci n'est pas un objet d'art » entre guillemets, pour la raison que Magritte ayant eu la perversité de ne pas peindre de guillemets autour de sa pipe, les guillemets, chez Broodthaers comme chez Magritte, restent invisibles. Mais j'ai jugé que Broodthaers était un grand artiste. Et que d'autres, comme lui dans la foulée de Duchamp, n'en étaient pas. J'ai fait le tri entre les œuvres qui ont accusé réception de celle de Duchamp. Enfin, j'ai eu la chance de pouvoir mettre la théorie « post-Broodthaers » en pratique, avec l'exposition *Voici.* Elle était sous-titrée *100 ans d'art contemporain*, manière de dire que l'art, quand il est bon, est toujours notre contemporain, à quelque époque qu'il appartienne, manière, surtout, de chercher à transmettre le patrimoine en le fragilisant, en l'exposant au risque de n'être pas davantage perçu comme de l'art que les œuvres les plus récentes dans l'exposition. *Voici,* mot-présentoir par excellence, était une invitation à regarder, et à y regarder de plus près : « vois ceci, *vois ce, ici,* approche-toi, touche si tu veux, et laisse-toi toucher. Vérifie toi-même si ceci est de l'art. Ôte donc les guillemets. »

LE TOURNANT PASTORAL DE L'ART CONTEMPORAIN

Amar Lakel, Tristan Trémeau

Cette communication est la première issue d'un travail, conçu sous la forme d'un dialogue, entre un historien de l'art et critique d'art et un chercheur en sciences politiques et théories de la communication. La rencontre s'est faite autour du souci de penser ce qui, dans un grand nombre d'œuvres contemporaines, dans leurs modes de production, d'exposition et d'adresse aux spectateurs, dans l'expérience que ceux-ci ont de ces œuvres et de leurs dispositifs d'exposition, relève de la traduction d'a priori idéologiques qui nous paraissent esthétiquement et politiquement problématiques. Nous voulons parler essentiellement des stratégies artistiques et des discours d'exposition qui promeuvent des notions telles que le don, la reliance et le pacte, qu'ils ressortissent à ce que Nicolas Bourriaud appelle l'esthétique relationnelle[1] ou à ce que Thierry de Duve, avec l'exposition *Voici*, entend imposer comme impératif de l'art : la création d'un nouveau pacte communautaire unissant le je, le vous et le nous[2].

Notre but est de soumettre à critique et à discussion tout ce qui relève de stratégies de monstration de la supposée naturalité et banale universalité de l'homme dénudé, où le quotidien de l'« homme du commun » s'érige comme modèle d'un art pastoral postmoderne ; de techniques de dévoilement, d'assignation et de médiation du soi par l'exposition d'une relation intime et collective du je à l'autre et du nous au nous, où nous rencontrons les vieux modèles pastoraux catholiques (la confession, la communion et le tableau pastoraux) ; de processus d'exposition de la communauté, toujours considérée comme à la fois à restaurer et à venir, en raison de l'impératif absolu et déclaré

[1]Nicolas Bourriaud, Esthétique relationnelle, Dijon, Les Presses du Réel, 1998.

[2]Me voici, Vous voici, Nous voici, sont les trois chapitres de l'exposition et du catalogue *Voici, 100 ans d'art contemporain*, Palais des beaux-arts de Bruxelles, 23/11/2000 – 28/01/2001, éd. Ludion/Flammarion. Cf. Tristan Trémeau, « Voici, ou l'exposition comme symptôme idéologique », *Artpress*, n°266, mars 2001, p.88.

de l'alliance, du pacte social, en lequel le « peuple homme » se miroiterait et se reconnaîtrait.

En partant des œuvres et des expériences qu'elles procurent, puis en analysant ce que leurs dispositifs d'exposition impliquent comme retombées idéologiques, nous verrons que le champ de l'art contemporain s'est trouvé chargé, depuis le début des années 1990, d'une mission pastorale qui se confond avec la mission médiatrice assignée aux artistes et à leurs productions par l'institution, et qui recoupe la mission politique de constitution de la communauté de communication, promue par le philosophe Jürgen Habermas et déjà critiquée par Michel Foucault dans ses derniers écrits.

♦ Le renversement

Du point de vue de l'évolution des dispositifs artistiques dans le champ de l'art contemporain, le phénomène que nous voulons décrire semble avoir pris pour positives - comme « allant de soi » et proposant une nouvelle "nature" de l'exposition et de l'adresse artistiques - les dimensions idéologiques que Michel Fried redoutait voir poindre et se développer dans l'art minimaliste. L'analyse proposée par ce dernier dès 1967 est passionnante, quoique limitée par l'opposition binaire qu'il orchestre entre minimalisme et modernisme[3], car Fried signale les risques de glissement idéologique de ce qu'il appelle la « théâtralité de l'art

[3] La défense du modernisme en opposition au minimalisme affaiblit en partie le propos de Fried, d'autant qu'il établit sa pensée sur l'idée d'un spectateur universel, à l'instar de ceux qu'il critique. Sur ce point, voir l'analyse très éclairante de Catherine Perret, « Faire un tableau comme on enroule une bobine de film-cinéma », Ligeia-Dossiers sur l'art, « Abstractions », n°37-40, octobre 2001-juin 2002, pp.40-46. C'est sans doute parce que Fried rencontre dans le minimalisme des grandes proximités en même temps que de très grandes différences d'avec le modernisme qu'il défend, que son analyse critique laisse apparaître les possibles écueils idéologiques de la « théâtralité littéraliste » de la façon la plus vive et limpide.

littéral »[4]. Il a bien perçu que les œuvres minimalistes étaient d'emblée conçues comme indissociables de leur mise en situation dans l'espace, et que la présence du spectateur était un préalable à l'établissement de la situation produite, en même temps que sa visée. Les sculptures de Robert Morris ou Tony Smith, en raison de leurs proportions humaines, interpellent le visiteur, l'assignent à comparaître et à se comparer à ces objets si anthropomorphiques qu'il deviennent les modèles de l'espace et du spectateur. Selon Fried, l'objet minimaliste « extorque » au spectateur une « complicité particulière » et « exige sa considération », parce qu'il se présente dans un rapport où tous les attributs mythiques du nu, de la simplicité et de la pureté phénoménologique s'exposent[5] : un calme bloc obscur me fait face, son silence me tient à distance, il est autre et je suis moi : « être mis à distance de tels objets n'est pas, écrit Fried, une expérience radicalement différente de celle qui consiste à être mis à distance, ou envahi par la présence silencieuse d'une autre personne. »

De fait, les dispositifs minimalistes incluent cette question du je et de l'autre, et donc du je ou du soi qui se révèle à soi-même, par le face-à-face (dimension anthropomorphique de la sculpture parfois creuse et donc mentalement accueillante pour mon corps), la projection spéculaire (utilisation récurrente du miroir) et l'identification sérielle (la répétition générique du même me renvoie à moi-même comme communément générique). Robert Morris n'était pas dupe de ce que pouvaient

---

[4] Michael Fried, « Art and Objecthood », Artforum, été 1967, traduit par Claire Brunet et Catherine Ferbos, in Art Studio, Paris, n°6, automne 1987, pp.7-27. Toutes les citations de Fried proviennent de cet essai.

[5] Robert Morris évoque, pour ses œuvres, un « mode d'appréhension public et impersonnel » (cité par Michel Fried, op. cit.). Dès l'apparition du minimalisme, Daniel Buren a signalé la part de « naïveté » de cette approche parce qu'elle ne prend pas en compte les contextes muséaux ou marchands dans lesquels ont lieu ces « rencontres phénoménologiques » : le white cube qui, lui aussi, propose tous les attributs mythiques de la simplicité et de la pureté, n'est pas un socle phénoménologique indifférent. Cf. Daniel Buren, *Les Écrits* (1965-1990), textes réunis et présentés par Jean-Marc Poinsot, Capc, Bordeaux, 1991.

impliquer ces dispositifs, puisqu'il s'est exposé, photographié nu, au sein de sa *I Box* de 1992[6]. Cette exposition ne peut être qu'ironique, parce qu'un tel degré de tautologie (la boîte en forme de I – de je –, qui s'ouvre pour dévoiler son intérieur qui n'est autre que Morris lui-même dans son plus simple appareil, un sourire narquois aux lèvres) ne peut que détruire l'illusion d'un rapport direct à l'autre. C'est pourtant ce rapport qu'a voulu instruire Thierry de Duve, lors de l'exposition *Voici*, en exposant de façon liminaire des sculptures aux dimensions anthropomorphiques, debout ou couchées (*Me Voici*), puis en assimilant la question du monochrome et celle du miroir, de la planéité et de la visagéité[7], dans la section *Vous Voici*. Cette seconde section s'avère la plus problématique puisque y étaient exposés un monochrome noir de Günter Umberg, une représentation de miroir aveugle par Roy Lichtenstein, un vrai miroir de Jeff Koons, un tableau de René Magritte figurant une femme, de dos, qui regarde un monochrome noir, et une toile brodée de Rosemarie Trockel où est inscrit « Cogito ergo sum ». L'idée d'une complétude de la forme pure, impersonnelle et indifférenciée, ouvrant à l'universel, serait exemplifiée par le monochrome, exposé par de Duve comme ce qui, dans son épuration et son caractère dénudé, garantirait par effet spéculaire et identification l'idée d'une unicité du sujet et la révélation de lui-même et à lui-même comme sujet : comme si la forme n'avait pas d'histoire et le sujet non plus, comme si la forme n'était pas l'objet d'une production historique et le sujet non plus.

Sur le socle phénoménologique « commun » de la rencontre – notion ô combien problématique mais non problématisée par de Duve –, idée à partir de laquelle le minimalisme a fondé en partie sa démarche, l'homme

[6]Robert Morris, I Box, 1992, contre-plaqué peint, métal, photographie, 48 x 32 x 3,5 cm, coll. Leo Castelli Gallery, New York.

[7]« Greenberg, affirme de Duve, n'a pas suivi très loin le fil éthique de sa réflexion esthétique. Il aurait été mieux avisé de parler de facialité, ou même de visagéité, plutôt que de planéité, car c'est bien du face-à-face avec l'autre qu'il s'agit dans la meilleur peinture abstraite » (Thierry de Duve, *Voici*, op.cit., p.195).

générique et universel (le spectateur attendu et interpellé par l'accrochage de *Voici*) se doit de reconnaître son existence en tant que sujet par et pour la communauté (le Sujet). Deux salles plus loin, après que de Duve eut installé des tableaux abstraits carrés (« effet visage ») ou rectangulaires (« effet corps »), dix-sept travailleurs immigrés nous font face, muets, dans une projection vidéo de Gary Hill. Ils regardent le spectateur silencieusement : « Revoici la figure humaine [...] Ce sont des travailleurs immigrés. L'étranger. L'autre. Voici une œuvre qui nous confronte avec l'altérité de l'autre, au singulier, comme dit le titre, *Spectateur.* »[8] L'exposition *Voici* opère ainsi un renversement idéologique complet de ce qui était en jeu (et faisait enjeux) dans le minimalisme et les œuvres contemporaines de Robert Smithson, Art & Language, Gerhard Richter, Dan Graham, Daniel Buren ou Michelangelo Pistoletto, qui usent tous du miroir comme d'un outil de déconstruction et d'exposition critiques des instances participant à la création et à l'installation de l'œuvre, depuis l'artiste et ses modes de production jusqu'aux modes d'exposition et d'adresse de l'œuvre aux spectateurs, en passant par les différents cadres que produisent et dans lesquels s'inscrivent les dispositifs et les personnes amenées à les habiter, à les arpenter. Tandis que ces derniers, en mettant à jour et en déplaçant les moyens techniques spéculaires, œuvraient par souci de problématisation au bénéfice des spectateurs, pour les rendre moins dupes des a priori de la recherche d'identification et de reconnaissance, Thierry de Duve tient pour acquis et naturel ce qui s'expose de façon critique dans ces machines déconstructives. Celles-ci, selon le discours de *Voici*, n'auraient été qu'un moyen de restaurer de l'évidence et de l'identification.

Un autre aspect de ce renversement tient à l'extension pédagogique et anthropologique de ce principe de

---

[8]Il s'agit de Viewer, 1996, installation vidéo à cinq canaux, courtesy Donald Young Gallery, Chicago. Cf. Thierry de Duve, *Voici*, op. cit., pp.200-201.

déconstruction critique[9]. Christian Bonnefoi a signalé cet écueil dès 1980, dans une conférence où il démontre que, prendre pour préalable et visée la présence du spectateur peut amener « à lier l'œuvre à l'idéologie de la reconnaissance, de l'identification et de ce qui dans le didactique fait culture »[10]. Il ajoute que, « dans le meilleur des cas, la chose produite a valeur didactique (le minimalisme), elle nous renseigne sur les conditions d'apparition du voir; dans le pire des cas, elle crée une méta-stylistique, la sommation faite aux artistes de produire ici et non pas là. En gros, elle se substitue au monde. Elle pousse non pas à créer l'œuvre, à la méditer, mais à relier un objet au réel, à ce qui le borde, à ne rien disjoindre dans le réel. Nous aboutissons au deuxième âge du musée »[11]. Ainsi l'objet exposé, « de relationné qu'il était devient relationnant et partie intrinsèque de la relation »[12], ouvrant le champ à ce qui a été nommé, depuis une dizaine d'années, l'esthétique relationnelle. Nicolas Bourriaud signale d'ailleurs ce passage à propos des dispositifs de Felix Gonzalez-Torres ou Andrea Zittel : « Ce type d'œuvres (qu'on nomme faussement « interactives ») prend ses sources dans l'art minimal, dont l'arrière-plan

---

[9]Certains de ces artistes déconstructeurs, comme Dan Graham, ont revendiqué ce glissement vers le dispositif pédagogique : « Mon travail demeure pédagogique, mais c'est en même temps un spectacle. Autrement dit, Children's Day Care, CD-Rom, Cartoon and Computer Screen Library Project, 1998-2000, et Girl's Make-up Room, 1998-2000, vont très bien dans un secteur de musée qui bénéficie le plus de soutien financier, et qui est habituellement le plus banal, le département éducation » (Entretien avec Benjamin Buchloh, Dan Graham. Œuvres 1965-2000, Musée d'Art Moderne de la Ville de Paris, 2001). À propos de ce renversement pédagogique, voir Tristan Trémeau, « L'artiste médiateur », *Artpress*, numéro spécial, n°22, « Écosystèmes du monde de l'art », 2001, pp.53-57.

[10]Christian Bonnefoi, « La stratégie du tableau », conférence donnée à la Biennale de Paris de 1980, d'abord publiée dans *Rapports et Documents* n°3, 1980, et reprise dans Christian Bonnefoi, *Écrits sur l'art* (1974-1981), Bruxelles, La Part de l'Œil, coll. « Diptyque », 1997, pp.219-225.

[11]*Ibid.*

[12] Christian Bonnefoi, « Louis Kahn et le minimalisme » in *Architectures* – Arts Plastiques, Paris, CORDA, 1979, repris dans Christian Bonnefoi, *Écrits sur l'art*, op. cit., pp.126-157.

phénoménologique spéculait sur la présence du spectateur comme partie intégrante de l'œuvre »[13]. Comme nous l'établirons, ce glissement relationnel participe du même renversement opéré par *Voici*, parce qu'il restaure sur un mode participatif et communicationnel – mais tout autant spéculaire – des relations académiques et profondément idéologiques avec les spectateurs : identification spéculaire, reconnaissance de « dénominateurs communs » et édification morale, le tout au service d'un processus de subjectivation et d'aliénation des sujets au Sujet[14].

---

[13]Nicolas Bourriaud, « Coprésence et disponibilité : L'héritage théorique de Felix Gonzalez-Torres », in *Esthétique relationnelle*, op. cit., p.61.

[14]Dans ce que nous allons décrire, tout se passe comme si avait été prise pour positive et naturelle – nouveau palier du renversement – ce qui était déconstruit de façon critique et savoureusement ironique par Louis Althusser en 1970 : « Pour vous comme pour moi, la catégorie de sujet est une "évidence" première (les évidences sont toujours premières) : il est clair que vous et moi sommes des sujets (libres, moraux, etc.). Comme toutes les évidences, y compris celles qui font qu'un mot "désigne une chose" ou "possède une signification" (donc y compris les évidences de la "transparence" du langage), cette "évidence" que vous et moi sommes des sujets – et que ça ne fait pas – est un effet idéologique, l'effet idéologique élémentaire. C'est en effet le propre de l'idéologie que d'imposer (sans en avoir l'air, puisque ce sont des "évidences") les évidences comme évidences, que nous ne pouvons pas ne pas reconnaître, et devant lesquelles nous avons l'inévitable et naturelle réaction de nous exclamer (à haute voix ou dans le "silence de la conscience") : "C'est évident ! C'est bien ça ! C'est bien vrai !" » (Louis Althusser, "Idéologie et Appareils Idéologiques d'État", *La Pensée*, n°151, Paris, juin 1970).

♦ Le tournant pastoral

Si nous suivons les conséquences de ce renversement jusque dans ses extensions les plus transparentes et spéculaires, nous rencontrons en premier lieu nombre d'œuvres contemporaines où s'expose ce que Dominique Janicaud a appelé en 1990 *Le tournant théologique de la phénoménologie française*[15], où, dans la pensée de Emmanuel Lévinas et Jean-Luc Marion, le Visage avec un grand V devient l'icône retrouvée et restaurée de l'Autre, avec un grand A qui sert à lui assurer son caractère générique[16]. Combien d'œuvres contemporaines nous imposent des face-à-face sériels et spéculaires avec des autres, capturés dans la foule ou exposés frontalement et silencieusement (Beat Streuli, Gary Hill) ?

Symptomatiquement, tous les auteurs qui commentent ces œuvres ou les exposent citent Lévinas, parlent d'une « communauté de visages » où « la foule représentée gagne alors la tessiture d'une communauté à laquelle appartient finalement le spectateur »[17], surtout lorsque ceux qui nous sont ainsi exposés sont des immigrés et des figures de l'exclusion (SDF, marginaux), parce qu'ils sont parmi les nouvelles figures d'un art pastoral contemporain. C'est en effet ici que nous pouvons aborder ce que nous nommerons, pour paraphraser Janicaud, le « tournant pastoral de l'art contemporain ».

---

[15]Dominique Janicaud, *Le tournant théologique de la phénoménologie française*, Combas, éd. de l'Éclat, coll. "tiré à part", 2001 (1990).
[16])*Ibid.*, p.16.
[17] Léa Gauthier, « Communauté de visages », *Mouvement*, n°16, avril-juin 2002, pp.42-43. Cet article porte sur la dernière installation de Gary Hill, *Accordions* (The Belsunce recordings, july 2001), créée à la Compagnie de Marseille (1er-30 mars 2002) et réactualisée au Plateau, à Paris dans le cadre de l'exposition Maquis (19 septembre-24 novembre 2002).

En 1990, Thomas Crow avait suggéré que le genre de la pastorale se perpétuait dans l'art contemporain[18]. La pastorale est au départ un genre artistique qui exalte les vertus de la vie rustique, en la figure du berger, du pauvre hère, de l'idiot ou de l'amant désolé, dans un milieu campagnard, donc supposé plus proche de la « vie commune » et de l'état de nature. Ce genre a connu un grand succès du XVIème au XVIIème siècles, au moment où s'énonçaient les philosophies de l'état de nature (Locke, Rousseau...). Cet art s'adresse principalement aux aristocrates et aux bourgeois qui y retrouveraient les « vraies valeurs » qu'ils auraient oubliées. Les modèles se sont depuis déplacés vers les figures du marginal, du SDF et de l'immigré, qui seraient les meilleurs véhicules d'une volonté de démonstration de l'existence d'une communauté originelle des hommes, qu'il s'agirait de recréer et de nouveau d'exposer. Comme l'a démontré Julian Stallabrass en 1999, dans un livre[19] où il déconstruit l'idéologie pastorale des Young British Artists (Damien Hirst, Tracey Emin, Gillian Wearing, Richard Billingham, Mark Wallinger...), cette esthétique est un point de vue de classe, profondément bourgeois et de surcroît réactionnaire : contre l'art élitiste et distant de la communauté des hommes, réévaluons le commun et le banal, parce qu'il est garant d'authenticité et de sincérité, bref supposé plus naturel[20].

---

[18] Thomas Crow, « Une vie plus simple : Essai sur la pastorale dans l'art d'aujourd'hui », in catalogue de la Biennale de Lyon, *L'Amour de l'Art*, 1991, repris dans *Modern Art in the Common Culture*, Yale University Press, New Haven & Londres, 1996, pp.173-211. Nous sommes profondément redevables à Mick Finch qui nous a indiqué cet essai et pour ses intuitions quant à la logique pastorale qui a présidé à la création du Palais de Tokyo.

[19] Julian Stallabrass, High Art Lite, British Art in the 1990s, Londres & New York, Verso, 1999. Voir notamment « The urban pastoral », pp.237-245.

[20] « C'est un travail à propos de choses très, très simples qui peuvent être vraiment dures. Les gens peuvent se sentir seuls, les gens peuvent avoir peur, les gens peuvent tomber amoureux, les gens meurent, les gens baisent. Ces choses arrivent et tout le monde le sait mais elles ne sont pas exprimées pleinement. Tout était recouvert d'une sorte de politesse, continuellement, et particulièrement dans l'art parce que l'art s'adressait

Plus encore, nous voulons démontrer que l'art pastoral s'est récemment développé sous la forme de dispositifs qui excèdent ce genre de la naïveté en le constituant comme une véritable technique idéologique. L'étude du dispositif pastoral, léguée par Michel Foucault dans ses derniers écrits[21], nous ouvre aux enjeux d'une transformation du rôle de l'institution publique d'exposition, de l'artiste à l'œuvre et au commissaire, à une fonction de restauration de l'ordre social par des techniques de subjectivation de soi.

Pour comprendre cela, il nous faut repartir des nouvelles figures génériques de la pastorale postmoderne et étudier ce que les photographies et vidéos d'êtres supposés plus proches de l'état de nature, les nouveaux « bons sauvages » désormais identifiés aux SDF ou aux immigrés, en bref aux exclus, sont chargées de véhiculer dans leur exposition. Selon la rhétorique de la pastorale, l'exclu doit révéler, depuis sa marginalité et son extranéité même, ce qu'est la communauté et ce qui la constitue. La comparution et l'exposition de l'exclu sont censées réactiver le pouvoir révélateur, à l'adresse de la communauté, de l'homme dénudé et christique.

La logique n'est pas nouvelle, simplement nous la croyions dépassée parce que tellement liée au christianisme et au paradigme humaniste. Or, ceux-ci, n'en doutons pas, font retour aujourd'hui. On peut ici songer aux raisons précises qui ont motivé Jochen Gerz pour la mise en œuvre des *Mots de Paris* sur le Parvis de la cathédrale Notre-Dame, en 2000. Ayant constaté la disparition de la figure mythique du mendiant et du théâtre de la Cour des Miracles, il a décidé de palier ce manque, car le mendiant jouait le rôle pastoral du conteur et du fou qui dévoilait aux hommes aveuglés par les faux-semblants de l'existence et des rapports sociaux, l'étendue de ce qui leur échappait, la vérité

---

aux classes privilégiées » (Tracey Emin, citée par Stuart Morgan, « The Story of I », *Frieze*, Londres, n°34, 1997, p.60).

[21] « Les techniques de soi » et « La technologie politique de soi », de 1982, « Usage des plaisirs et techniques de soi », de 1983. Ces écrits sont réunis dans Michel Foucault, *Dits et Écrits II*, 1976-1988, Paris, Gallimard, coll. Quarto, 2001.

nue de la vie. C'est ainsi qu'il en est venu à concevoir un dispositif public, une sorte d'abribus dans lequel des SDF prennent la parole et s'adressent aux gens qui passent. Écoutons le psychanalyste Gérard Wacjman commenter cette œuvre : « Les SDF racontant Paris révèlent un visage inconnu de Paris, un Paris, sinon invisible, du moins impossible à voir pour un simple promeneur. Mais c'est aussi un vieux projet de l'art de faire voir ce qu'on ne peut pas voir : les anges, qui les a vus en dehors des tableaux ? Qui ? Dans un tel projet, les SDF qui font voir – même si ce ne sont pas des anges – accomplissent eux-mêmes l'œuvre de l'art. Il est donc parfaitement justifié et rigoureux de dire que, dans *Les Mots de Paris*, ils sont des œuvres d'art, puisqu'ils font voir, par leur présence et par leur parole, une ville "invisible" que nos yeux habituellement ne voient pas »[22]. Cette analyse est en effet justifiée et rigoureuse, dans le sens où elle révèle bien ce qui fait fond idéologique pour ce projet éminemment pastoral. En premier lieu, *Les Mots de Paris* sont une tentative de restauration du pouvoir révélateur mythique de l'exclu, dont Gerz regrettait la disparition. Par ailleurs, ce dispositif procède de trois dimensions pastorales clairement identifiées comme catholiques – la confession, la communion et le tableau pastoral –, puisque ce sont les termes mêmes des missions pastorales et apostoliques assignées aux prêtres, et rappelées à l'occasion du Jubilé par Jean-Paul II.

Entendons-nous bien, il ne s'agit pas pour nous de déclarer que nous assistons au retour d'un art sacré catholique, mais que ce qui a toujours structuré le catholicisme en ses missions pastorales mêmes innerve les pratiques artistiques et d'expositions contemporaines qui revendiquent les notions d'échange, de médiation et de pacte. La liturgie pastorale est tellement banalisée que la recette est connue de toute personne qui a regardé au moins une fois TF1 le soir, aux heures de grandes écoutes. Un « faux groupe », pris au hasard ou du moins constitué en dehors des critères de l'artiste, assure l'objectivité de la

[22]Gérard Wacjman, « L'œuvre claire », dans *L'Anti-Monument. Les Mots de Paris*, Paris musées / Actes Sud, 2002, p.50.

représentation démocratique. Ainsi de Sylvie Blocher qui passe une annonce dans un journal bruxellois afin d'inviter des familles à exposer leurs relations entre membres, donc à se confesser sous le regard et dans l'écoute silencieuse du confesseur. Le hasard démocratique de la Grèce antique, mêlé aux socio-types représentatifs des instituts de sondage, ce qu'on appelle un panel, assure la première étape de désubjectivation intellectuelle pour l'artiste, ou de l'objectivation sociale : ce n'est pas moi qui ai choisi, ce sont eux qui sont venus à moi parce qu'ils se sont reconnus comme à la fois singuliers et représentatifs. Ensuite, un jeu procédural, souvent introspectif, engage le modèle dans l'exposition de son intimité, souvent contre son gré (car il faut assurer la sincérité de la procédure), qu'il adresse au spectateurcomme un don. Ce dernier est sommé de s'engager dans une sympathie fusionnelle sous peine d'être accusé d'inhumanité car, devant la valeur absolue du cadeau[23], le récepteur ne peut garder aucune réserve de soi.

Le sacrifice du modèle, en raison de l'exposition-dévoilement de son intimité, nous oblige à l'échange car nous sommes en dette face à cette confession. Telle est l'anthropologie primitive à partir de laquelle nous sommes invités à reconstituer la communauté dite ouverte. L'œuvre de Sylvie Blocher, intitulée *For ever*[24], a été commandée par de Duve pour *Voici* et a pris place dans la troisième section, *Nous voici*. La communauté familiale s'y expose comme modèle car, écrit de Duve, elle est "le microcosme où s'élaborent toutes les relations sociales et où les liens affectifs sont les plus forts"[25]. Aimez-vous ! L'injonction paradoxale révèle toute l'ambiguïté d'une théologie de la sympathie qui fait vibrer le totalitarisme des cœurs. Refuser

---

[23]Le cadeau est d'ailleurs le titre d'un dispositif élaboré par Jochen Gerz pour Le Fresnoy Studio National des Arts Contemporains à Tourcoing. Pour une critique éclairante du protocole de réalisation et de don, ainsi que du dispositif d'exposition de Gerz, lire l'article de Cédric Loire, « Assez panser, enfin penser », *Ddo*, Roubaix, n°41, septembre-octobre-novembre 2000.

[24]Sylvie Blocher, *Living Pictures/For ever*, 2000, installation vidéo, 17', tournée avec les habitants de Bruxelles, coll. de l'artiste.

[25]Thierry de Duve, *Voici*, *op. cit.*, p.284.

devient alors impossible. Critiques et théoriciens, ceux qui osent penser deviennent une menace à l'élan affectif : « Aime ton prochain comme toi-même. [...] Il faudrait être fou ou dépravé, assène Thierry de Duve, pour oser dire que cette valeur n'en est pas une »[26]. L'heure du grand enfermement est revenue. Penser mène à l'abject, aimer au tout.

Cette technologie dans le dispositif pastoral peut être classée dans la grande histoire de la confession. Toutefois, le dispositif confessionnel est inversé, car le spectateur n'est pas à la place du confessé en dette mais à celle du confesseur en dette encore plus grande. Ce sont bien entendu des absolus qui nous piègent par ce cadeau que l'on ne peut pas réparer : l'Amour, la Vie, la Mort, la Famille. Ils sont les Plus Grands Dénominateurs Communs. Après la confession vient la communion comme dispositif pastoral. Ici, le jeu procédural engage directement et collectivement le spectateur. Ce dernier est invité, à partir de sa subjectivité particulière, à réaliser l'unanimité communautaire et fusionnelle en prenant part au rituel qui donne corps à la communauté comme Sujet. Il ne s'agit évidemment pas de retrouver Dieu ou la vérité ou encore le sens commun, mais uniquement d'être objectivement nous comme rituel. C'est ce que Jochen Gerz a mis en œuvre avec le Vote de Barbirey : sept personnes, choisies au hasard dans le village pour constituer un jury, décident à l'unanimité du nom d'une personne vivante qui sera inscrit sur une plaque à l'une des entrées du parc du château de Barbirey-sur-Ouche. Sur quoi parie cette procédure ? Rien moins que valoriser les convictions et a priori de chacun, soumis à discussion face à ceux des autres, dans le but de créer l'unanimité. En 2000, Pierre Perret a été l'élu unanime.

Enfin, la pastorale ne peut se penser sans le tableau pastoral, crèche apologétique du nouveau-né que, parfois, le spectateur est invité à rendre vivante par son intervention directe dans l'installation. Dans la tradition catholique, le

---

[26]*Ibid.*, p.253.

village est appelé à créer une crèche vivante, afin de rejouer le Mystère et de souder la communauté dans l'échange participatif. De nouveau, il ne saurait s'agir, pour l'art contemporain, de dispositifs révélateurs des Mystères chrétiens, mais d'un souci de fonder un pacte de « sociabilité aussi bien laïque que mystique », comme l'explique Paul Virilio à propos des *Mots de Paris*[27]. Ce pacte de sociabilité fondé par le tableau pastoral peut s'énoncer autrement : Nicolas Bourriaud évoque des « modèles réduits de situations communicationnelles » qui favoriseraient la reliance sociale par les échanges « interhumains » et « intersubjectifs »[28]. Les humains du petit village planétaire sont ainsi appelés à communier dans les tableaux pastoraux vivants confectionnés par Rirkrit Tiravanija ou Jorge Pardo, que les spectateurs complètent de leur présence. De toute façon, ils sont attendus, l'œuvre leur est disponible. Nul Mystère ne leur est révélé, ils n'ont qu'à répéter des gestes quotidiens (faire la cuisine, jouer, manger, parler, acheter, négocier...), ces gestes qui nous sont communs, dans leur banale universalité, à nous tous. Pour Bourriaud, il ne fait pas de doute que ces œuvres produisent « de l'empathie et du partage, génèrent du lien. L'art (les pratiques dérivées de la peinture et de la sculpture qui se manifestent sous la forme d'une exposition) s'avère particulièrement propice à l'expression de cette civilisation de la proximité, car il resserre l'espace des relations »[29].

♦ Technologies de communication

Ce positionnement idéologique de l'esthétique relationnelle nous semble symptomatique de l'influence de la philosophie politique procédurale légitimée par une épistémologie de la communication au service du pacte social. Dans ce contexte, l'œuvre d'art est conçue comme

---

[27]Paul Virilio, en 4ème de couverture de *L'Anti-Monument. Les Mots de Paris, op. cit.*

[28]Nicolas Bourriaud, *op. cit.*, p. 49.

[29]*Ibid.*, pp.15-16.

une technologie de communication, un médium au sens le plus pauvre du terme – un moyen –, capable de relier les âmes égarées dans les dédales sophistiqués de la pensée. Tel le bâton du berger, elle est ce dispositif de pouvoir chargé de relier les hommes. Église d'une religion des TIC[30], elle s'empare de la pragmatique du langage en théâtralisant les relations de pouvoir immanent à la communication, pour en faire le nouveau dogme d'une alliance restauratrice de la communauté universelle. C'est ce que Lucien Sfez critique par son concept de « tautologie Frankenstein »[31] : la relation est, par sa révélation, l'assurance de l'existence d'un code à venir mais déjà-là, un préconstruit à reconstruire[32]. Si confession, communion et tableau pastoraux forment les nouvelles technologies de soi au service de l'idéologie de la médiation, on ne peut disjoindre le dispositif dans sa dynamique stratégique de ce que l'on peut nommer le renversement procédural. Cette philosophie libérale voudrait assurer sa légitimité à l'aune de la transparence et de l'a priori désengagé. De l'éthique communicationnelle de Jürgen Habermas à la théorie de la justice de John Rawls, cette philosophie politique tente depuis ces trente dernières années de concilier libéralisme et ordre social à partir de l'épistémologie ouverte par les théories du langage.

Comment restaurer la philosophie naturaliste en intégrant les thèses critiques des théories de la communication en général et de la linguistique pragmatique en particulier ? Il suffit en somme de convertir l'immanence du pouvoir communicationnel en un objet politique relationnant. Se présentant comme détaché de toute vision du monde particulière, ce discours de la forme expose des processus de signification pure. Cet idéal de politique

---

[30]Technologies de l'Information et de la Communication.

[31]Lucien Sfez, *Critique de la communication*, Paris, Seuil, Coll. Point Essais, 1992 (seconde édition).

[32]Soit ce que décrit précisément Jean-Charles Masséra à propos des projections d'images diapositives de Beat Streuli, qui « proposent une représentation de l'homme de la rue (homme ordinaire). Projection d'une manière d'être à venir, sans message » (Jean-Charles Masséra, « Beat Streuli, manières d'être », *Artpress*, N°197, décembre 1994, p.48).

communicationnelle s'immunise contre toute spécificité par une position critique. Se prenant elle-même comme objet, cette idéologie nous assure d'un nouveau soi communicationnel, connecté au marché libre de la pensée en réseau. Le miroir en est le dispositif paradigmatique. Cette œuvre qui ne mène nulle part se donne à voir comme engageant une négociation neutre et généreuse pour permettre à chacun de se révéler à lui-même. L'œuvre comme miroir, c'est l'autre comme moi-même, une reconnaissance de mon moi par l'autre, reconnaissance fusionnelle par le lien dans l'abîme dynamique du nous. Après avoir été débattue au sein de la critique philosophique européenne[33], il semble aujourd'hui que le monde de l'art contemporain souhaite être le nouveau champ de déploiement de cette théorie.

L'œuvre d'art devient cette procédure disponible pour faire communier le spectateur, non seulement dans le champ de l'esthétique relationnelle mais dans celui que veut circonscrire l'institution d'exposition. La médiation de l'œuvre d'art se présente dans la clarté absolue du contrat social invitant le spectateur et son désir de participer au jeu de la reconnaissance garantie par une éthique de la présentation. L'œuvre se donne à voir clairement dans son fonctionnement, qui dépend entièrement de l'accord du spectateur, devenu le consommateur absolu de l'œuvre[34].

---

[33]Se reporter à *Individu et justice sociale, autour de John Rawls*, Paris, Seuil, Coll. Point Politique, 1988 et, concernant les antécédents américains du débat, cf André Berten, Pablo Da Silveira et Hervé Pourtois, *Libéraux et Communautariens*, Paris, P.U.F., Coll. Philosophie Morale, 1997. Voir aussi Michel Foucault, *Dits et Écrits II*, op.cit.

[34] Tout ce que nous exposons ici est précisément la somme des postulats de Nicolas Bourriaud : « L'art, parce qu'il est fait de l'étoffe même dont sont faits les échanges sociaux, occupe dans la production collective une place singulière. Une œuvre d'art possède une qualité qui la distingue des autres produits des activités humaines : cette qualité, c'est sa (relative) transparence sociale. Si elle est réussie, une œuvre d'art vise toujours au-delà de sa simple présence dans l'espace ; elle s'ouvre au dialogue, à la discussion, à cette forme de négociation interhumaine que Marcel Duchamp appelle "le coefficient d'art" – et qui est un processus temporel, se jouant ici et maintenant. Cette négociation s'effectue dans une "transparence" qui la caractérise en tant que produit du travail humain : en

Cette procédure (retirer la virgule) libre de négociation permanente sur le marché équitable des bons sentiments, est devenue l'étalon art. Bourriaud ne dit pas autre chose lorsqu'il déclare que l'aura s'est désormais déplacée vers les spectateurs, sans tomber, précise-t-il, dans la forme fasciste de l'idée de masse, parce qu'il s'agit avant tout « d'encodages déterminés à l'avance et limités à un contrat » qui font que « l'aura de l'art contemporain est une association libre »[35]. De fait, les approches de Bourriaud et de de Duve se retrouvent en une œuvre, que l'un célèbre et le second a exposé, un tas de bonbons posés dans l'angle d'une pièce par Felix Gonzalez-Torres. Ce don transparent de bonbons engage la totalité existentielle de l'œuvre/institution qui attend en échange l'inclusion émotionnelle de soi comme source de communauté et d'émancipation. Le paradigme du jeu est, écrit de Duve, un « je suis là pour toi », qui forme la prothèse vampire se nourrissant de mon affection, me permettant d'accéder à moi-même. C'est un Appareil Idéologique d'Exposition postmoderne qui s'assume comme tel. Sans Dieu ni Raison, ce processus tient encore car il devient un processus pur de subjectivation (au service tout de même d'un dogme humaniste bourgeois). Par un don sans limite, l'œuvre-exposition joue l'individuation contre l'individu, l'interaction contre la personne. Le dispositif, bien connu des thérapies normalisatrices de groupes, tire son efficacité de ce double piège entre disponibilité et don. Le dispositif, par son innocente transparence, vous veut du bien. Mais tout est joué d'avance car « medium is message » nous a prévenu

---

effet l'œuvre montre (ou suggère) à la fois son processus de fabrication et de production, sa position dans le jeu des échanges, la place – ou la fonction – qu'elle assigne au spectateur, et enfin le comportement créateur de l'artiste » (Nicolas Bourriaud, *op. cit.*, p.43). Il y aurait beaucoup à « redire » de l'usage des références que l'auteur convoque (de la paraphrase liminaire de Maurice Merleau-Ponty à la citation de Marcel Duchamp), contentons-nous ici de signaler que ces postulats rencontrent l'idéologie communicationnelle. Par ailleurs, nous verrons que la dernière assertion sur le comportement de l'artiste est particulièrement éloquente quant à ce qu'il advient de son rôle.

[35]Nicolas Bourriaud, *op. cit.*, p.59.

Marshall McLuhan[36]. Accepter le jeu, c'est accepter la procédure pastorale qui lie la subjectivation à l'effacement dans la norme, l'effectuation de soi à l'exposition aux autres, la légitimité de sa vie à une dette absolue envers la communauté, le champ des possibles à un marché de libre échange.

♦ La mission de service public

De cette aventure, on pourrait écrire l'histoire dramatique, pour les artistes, de la théâtralisation de la logique d'exposition. Cette histoire nous montrerait la profondeur des mises en garde adressées au minimalisme par Michael Fried – un essai qui n'a pas encore été étudié dans sa dimension d'essai politique[37] – et, au tournant des années 1980, par Christian Bonnefoi, qui en constate les développements non plus anthropomorphiques mais anthropologiques dans l'art contemporain. En assignant l'œuvre d'art à une mission essentiellement pédagogique, les artistes gérant l'héritage des dispositifs minimalistes ont donné prise à un programme de destruction de l'œuvre d'art, puis de l'artiste lui-même. Depuis, le dispositif de révélation et d'assignation s'est teinté d'une mission politique ou sociale totalement externe à l'œuvre ou à l'art. L'œuvre est devenue un modèle de communication et l'artiste un médiateur.

Dans cette période postmoderne d'après Guerre Froide, l'idéologie dominante de la démocratie procédurale a informé la pratique des artistes disponibles pour en faire des médiateurs. Le statut double de l'œuvre procédurale, à la fois moyen et fin, fait apparaître aujourd'hui une division du travail dans la fonction pastorale entre l'artiste, chargé de

---

[36]Marshall McLuhan, *Understanding Media*, Mentor Books, 1964.

[37]À notre connaissance, seul Mick Finch a proposé, dans une communication, une analyse précise des issues politiques de l'essai de Fried, confrontées à la critique du Spectacle par Guy Debord : « Theatre/Spectacle – Absorption/Lived Time », colloque Painting and Time, Hull School of Art and Design, Grande-Bretagne, avril 1998.

mettre en place le dispositif, et l'institution culturelle publique, chargée d'en user pour relier les membres de la communauté : ils sont le bâton et le berger. En effet, l'instrumentalisation de l'œuvre d'art au service de la communauté mène naturellement à l'instrumentalisation de l'artiste au service des gardiens traditionnels de l'ordre social. L'art procédural constitue désormais une doctrine dont l'œuvre n'est que l'effectuation idéologique : révéler l'ordre naturel des choses tout en créant un pacte communautaire. La pratique de de Duve dans le cadre de *Voici* s'inscrit dans cette logique : réduire en effet l'art moderne à la simple illustration de l'exposition, devenue texte préalable.

Et c'est l'exposition elle-même qui est désormais pensée au canon de l'art procédural. Elle devient, elle aussi, une invitation au dialogue dans une volonté interactive qui fait pénétrer le visiteur dans l'art, en lui-même et dans la communauté. Selon la subjectivité du commissaire, selon son essai, les œuvres doivent être disponibles. Les pièces doivent former les fragments d'une totalité : son dire, son don pastoral. La juxtaposition d'œuvres radicalement hétéronomes peut jouer sur les processus analogiques immédiats, sur la répétition de propriétés évidentes par la mise en série pour en faire des incarnations multiples du grand texte. Le commissaire fait don de son dire jusque dans les oreillettes du visiteur muni d'un audio-guide, se positionne en lieu et place des artistes, n'hésite pas à révéler ce qui était caché. Pas après pas, dans cette déambulation basilicale chargée de nous dépouiller progressivement de notre fardeau social, le spectateur se retrouve réduit à une alternative radicale : dissolution ou exclusion. L'artiste est devenu un artisan qui use d'un savoir-faire, qu'il négocie avec ceux qui l'entretiennent et lui passent commande.

Mais faire de l'art une prestation de service à la recherche du désir du spectateur roi, tirant sa légitimité de la jouissance par la reconnaissance, entraîne des bouleversements radicaux quant au statut de l'œuvre d'art et de son autonomie par rapport à l'institution d'exposition.

Devenue effectuation particulière d'une mission de service public, l'œuvre est fonctionnarisée par la commande d'institutions qui renforcent leur mission de médiation culturelle. L'artiste, fonctionnaire lui-aussi de l'art contemporain, réduit à un travail d'exemplification, est enfermé matériellement dans son lieu d'exposition, au moment même où il enferme le spectateur dans l'expérience relationnelle. Directement issu de l'orthodoxie républicaine du XIXème siècle, l'artiste député dans l'institution publique d'exposition travaille le corps de la loi artistique pour léguer une œuvre à la communauté. Or, le député ne peut s'adresser à tous que parce qu'il est mandaté par tous. Il est donc l'élu de la communauté en son institution représentative. Le succès devient un référendum qui vient distinguer ceux qui acceptent la nouvelle alliance et forment pacte de ceux qui s'en excluent.

Comme l'écrit Éric Mangion, « c'est certainement ce qu'ont compris des artistes tels que Douglas Gordon ou Pierre Huyghe pour qui le travail d'exposition passe par le développement de grands dispositifs visuels et sonores particulièrement œcuméniques et séduisants »[38]. Ainsi, d'une part, la popularité et le succès suffisent à distinguer le bon art du mauvais, et, d'autre part, la responsabilité de l'artiste envers le pacte enferme sa création dans l'espace public. Il est désormais totalement anéanti par la tension entre les conventions et le public.

♦ Conclusion

Nous pouvons tenter de résumer en une phrase les conséquences de ce tournant pastoral de l'art contemporain : c'est aujourd'hui à l'exposition comme méta-œuvre de présenter des œuvres qui se pensent elles-mêmes comme médiatrices et chargées par le méta-discours de médiation de l'institution, de présenter à l'homme sa supposée nature

[38]Éric Mangion, « L'effet bande-annonce », *Artpress*, numéro spécial, n°22, *op. cit.*, p.36.

déjà-là, et de lui révéler le code préexistant qui fonderait toute relation sociale. Une exposition et un lieu incarnent absolument ce projet, Voici et le Palais de Tokyo. Voici s'est chargée de restaurer un pacte avec l'art moderne et contemporain, au prix d'un sérieux renversement qui a préparé le terrain au Palais de Tokyo. Ce dernier présente tous les atours de l'esthétique et de l'idéologie pastorales : on s'y confesse, on y communie et on y joue à compléter la crèche apologétique de la communauté restaurée, comme Marie-Antoinette et ses dames de compagnie jouaient aux bergères versaillaises, le tout sous le regard des vitraux réalisés par Beat Streuli, qui présentent les visages de la communauté humaine.

Pourquoi refuser un si œcuménique et beau tableau pastoral ? L'irruption d'une philosophie procédurale dans le champ de l'art a permis de mettre en place le dispositif pastoral au service de la restauration d'une idéologie naturaliste humaniste et universalisante, profondément réactionnaire, que l'on croyait oubliée depuis la révolution industrielle et l'émergence des théories critiques modernes qui ont rendu obsolète tout espoir de fusion de la communauté dans la figure de l'Homme comme absolu, en lequel chaque individu doit se reconnaître et dans lequel toute la société doit se réduire. Une série d'appareillages s'orchestre aujourd'hui pour empêcher toute position critique, tout espace personnel, toute possibilité de métamorphose de soi, par l'œuvre et dans l'œuvre.

Aussi faudrait-il que, d'emblée et pour revenir à notre point de départ qui est aussi celui de ces appareillages théâtraux puis pastoraux, la relation de l'œuvre au spectateur soit « destituée de son statut d'évidence et de sa priorité »[39], parce qu'elle favorise les processus de reconnaissance et d'identification qui garantissent la maintenance et le prosélytisme de l'idéologique. Soit le plus grand enfermement possible quand l'œuvre par définition ouvre.

---

[39] Christian Bonnefoi, « La stratégie du tableau », *op. cit.*

Il serait temps selon nous de penser cette réelle positivité qu'est l'œuvre. En cela, nous ne pouvons qu'acquiescer à la proposition de Jean Lauxerois d'appeler à une « politique de l'œuvre »[40], revendication à laquelle nous sommes tenter d'ajouter, pour conclure provisoirement, « contre l'idéologie de l'exposition » en tant que celle-ci est, aujourd'hui, le champ d'application procédural des pratiques de l'art contemporain pastoral.

---

[40] Jean Lauxerois, « Petit manifeste pour une politique de l'œuvre », interview par Catherine Millet, *Artpress*, n°252, décembre 1999, pp.40-44.

L'ART D'ACCOMMODER LES RESTES : TRANSFERTS ENTRE L'EXPOSITION ET LA COLLECTION

Nathalie Leleu

Mon point de vue sur l'exposition de l'art contemporain se fonde sur l'expérience de la collection et de sa gestion : c'est donc cette approche qui gouverne mon interprétation de certains de leurs points de rencontre et d'achoppement, ainsi que des divers transferts qui s'opèrent entre l'exposition et la collection.

Lorsque son essai *Le Regard* paraît en 1939, Georges Salles n'est pas encore directeur des Musées de France (1945-1957), mais alors conservateur au département des Arts asiatiques au Musée du Louvre (à partir de 1932), et depuis toujours, collectionneur. Cette double qualité, fort éloquente pour la gestionnaire de collections qui vous parle, rend d'autant plus savoureux le paragraphe d'ouverture de l'ouvrage, qui rapporte une scène d'exposition : « Devant une petite esquisse de Rubens qui représente une Ascension, toile glauque et nacrée, humectée de rayons, échancrée en coquille, j'entendis quelqu'un murmurer : « On dirait une belle huître ». J'ai souvent pensé que pour mieux comprendre le rôle primordial et parfois suffisant de la sensation dans notre plaisir esthétique il n'était pas inutile de nous référer aux données d'un art, le moins haut placé dans la hiérarchie du goût, en revanche le plus souvent apprécié pour lui même : l'art culinaire. »[1]. En encourageant le « plaisir gustatif » du commissaire d'exposition, du collectionneur et du simple amateur, Georges Salles décrit en réalité une approche qui place la vérité de l'œuvre dans sa matière, au delà de sa forme. « Aussi parler collection, musée, esthétique est-ce avant tout décrire des réactions optiques. Cet essai ne sera, en somme, guère autre chose que l'histoire d'un organe. L'art est matière, nous y adhérons par nos sens. Si l'on veut s'en souvenir, bien des idées fumeuses reprendront pied dans le réel. »[2] Cet attachement à la matérialité en représentation en fait un médium de communication en amont de l'esthétique et de la théorie dont l'œuvre est le support.

[1]Georges Salles, *Le regard*, Paris, éd. Plon, 1939, réédité par la RMN, coll. « Textes », Paris, 1992, p.11.
[2]*Op. cit.*, p.16.

Plus de soixante ans de pratiques artistiques ont décliné sur une latitude très variable la notion de la matérialité de l'œuvre d'art, dont la nature des éléments a connu des transformations radicales amplifiées par la reproductibilité, la technologie ainsi que de nouveaux protocoles de diffusion corporelle. Si l'on suit la suggestion de Georges Salles, et qu'on se laisse tenter à filer après lui la métaphore culinaire, considérer la matière comme référence de l'œuvre produite par l'âge contemporain de l'art aboutit à établir une liste élaborée d'ingrédients aux propriétés contrastées, qui ne feront sens que dans la mise en actes d'une indispensable recette. L'œuvre ne pourrait exister au sein d'une collection sans le recensement scrupuleux de ces ingrédients ; toutefois, seule l'exposition permet le succès de la « recette ». C'est pourquoi il importe aujourd'hui plus que jamais de se rappeler que l'une réfère constamment à l'autre, mais dans une réciprocité loin d'être évidente.

La collection est une enceinte largement ouverte sur l'exposition. Les œuvres transitent de l'une à l'autre pour nourrir l'identité de la première dans ses objets et son histoire, tandis qu'elles construisent le parcours et le discours de la seconde. Dans la croissance accélérée de son actualité artistique, le siècle dernier a montré combien ces deux corpus étaient devenus solidaires, dans une promiscuité où leurs destins se sont fréquemment croisés et influencés l'un l'autre, à la faveur notamment de la notion commune d'exemplarité évoquée par Elitza Dulguerova dans son exposé. Pourtant, si l'œuvre constitue leur dénominateur commun, l'exposition et la collection la partagent de moins en moins sous une forme équivalente. Il suffit d'une visite dans les réserves du Musée national d'art moderne / Centre de création industrielle pour constater la métamorphose que connaissent certaines œuvres dans leur état « conservatoire », quand elles ne sont justement pas en représentation. Si, d'une cimaise à une grille de stockage, une toile ou une sculpture de Matisse reste une toile ou une sculpture de Matisse et se présente à l'œil comme sa documentation la décrit, toutes les œuvres qui la côtoient ne jouissent pas de la même permanence, voire de la même survivance. Ainsi, les films et les vidéos invisibles s'accumulent comme autant d'objets anonymes, les installations peuvent être décomposées ou « mutilées » – c'est à dire dont une partie du matériel technique est recyclée. Parfois, ne subsiste aucune trace sinon un cahier des charges ou une notice technique de fabrication. Certaines contiennent les agents de leur propre disparition partielle ; ainsi c'est la Nature qui aura raison au terme de leur présentation des bavettes de bœuf de la robe de viande de Jana Sterback et de la laitue de *Sans titre, 1968 – Struttura che mangia* de Giovanni Anselmo ; mais c'est à une économie totalement artificielle que l'on devra la destruction de la structure de *Skultur-Sortier-Station*, 1997 de Thomas Hirshhorn – qui reflète la précarité du mobilier urbain soumis à la pression de son environnement – ou d'un *Wall Drawing* de Sol LeWitt, dont le sort est étroitement lié à celui de son espace d'accueil. En tout état de cause, ces avatars ne sont pas destinés à survivre, au sein de la collection, à l'événement éphémère que constitue leur divulgation publique. D'autres objets en arrivent à échapper à l'espace de l'exposition comme à celui de la collection – j'entends ici ses salles, ses dossiers d'œuvre et ses catalogues raisonnés – pour s'épanouir dans des latitudes physiques et temporelles difficilement saisissables, comme le site Internet *Calendrier 2000* de Claude Closky dont l'espace naturel n'est pas celui d'une cimaise de musée ni d'un casier en réserve, mais le serveur central du Centre Pompidou et le site Internet qu'il diffuse.

Au delà de la richesse créative qu'elle draine, cette hétérogénéité de démarches, de statuts corporels et de modalités de représentation n'est pas sans conséquence sur les paramètres essentiels de la collection d'art moderne et contemporain. Sans négliger les révolutions esthétiques et historiques qui le définissent, je ne peux m'empêcher de considérer que l'art est devenu moderne par les diverses procédures qu'a engagées le divorce de l'œuvre et de l'objet, dont il ne m'appartient pas ici de retracer la généalogie fondée par Marcel Duchamp et développée par

Fluxus, les artistes de l'art conceptuel, du Land Art, etc.[3] Le retrait de la « signature » de l'artiste de la matière, la quête de véhicules symboliques au-delà d'une forme inerte et définitive ont volontairement exproprié de l'œuvre plastique son caractère unique et authentique. Ainsi sont battues en brèche les obsessions patrimoniales d'exclusivité de la propriété, de l'authenticité de la chose acquise, du « trésor national » et de sa pérennité, qui hantent les greniers des collections publiques. Comme Didier Semin en a rendu la récente démonstration dans *Le peintre et son modèle déposé*, les démarches artistiques visant à destituer l'unicité et l'intégrité de l'objet physique ont laissé « une brèche théorique ouverte dans la philosophie du musée »[4]. L'introduction des médias dans le processus artistique a amplifié ce phénomène d'échappement en instituant la reproductibilité technique comme norme, où la relation entre un support et ses données n'est que coïncidente et pas nécessairement signifiante. Si l'inertie du support reste déterminante dans l'œuvre photographique, sa volatilité est manifeste pour le cinéma et la vidéo. Enfin, au stade avancé de la dématérialisation de l'œuvre, comme dans la création numérique, son intangibilité résulte exclusivement de l'action d'agents immatériels et de leurs protocoles technologiques.

Si le frisson vient au théoricien face à ces latences, le praticien doit s'imposer la placidité nécessaire à une gestion clairvoyante et sensée du « cheval de Troie » qui s'est introduit au sein du musée dans la foulée du concept, de la technologie mais aussi de la cascade de droits qui tentent de cerner les évolutions de la création. Derrière la référence matérielle qui subsiste du travail de représentation se développent des protocoles politiques, esthétiques, techniques, juridiques et économiques à la visibilité parfois

[3]cf. Nathalie Leleu, « L'art vivant, le musée et leurs petites économies - Pièce en 6 œuvres et 5 épisodes », *L'art même*, n°17, octobre 2002, Bruxelles.

[4]Didier Semin, « L'art contemporain échappe-t-il à la collection ? », *L'avenir des musées*, actes du colloque organisé à l'Auditorium du Louvre, mars 2000, Ed. RMN, Paris, 2001, p.496 et *Le peintre et son modèle déposé*, Ed. du MAMCO, Genève, 2001.

restreinte en dehors de la production de l'exposition. Dans de telles circonstances, gérer une collection signifie en grande partie savoir entretenir la connaissance de ces principes et de ces données immatérielles afin que les objets qu'ils mettent en jeu ne soient pas vains et sans qualités : ce que j'appelle, dans une acception positive et en mémoire à Georges Salles, savoir accommoder les restes.

Quand il fait de l'objet artistique plus une conséquence qu'une finalité à travers un produit dérivé, l'artiste reporte l'acte décisif d'*invention* de l'œuvre dans une dimension contractuelle scellée entre le créateur, le collectionneur et le public par le biais de l'exposition. La prise en compte indispensable de ce principe contractuel a obligé et obligera encore le musée à réformer les cadres structurels de sa collection, à savoir ses modalités d'acquisition, d'inventaire, de documentation et de diffusion.

Le prêt d'une œuvre des collections m'a montré combien ces cadres étaient dépendants d'un environnement artistique, économique et juridique mutant, mais aussi, par les défaillances de ces paramètres, comment ils étaient les meilleurs révélateurs de ces transformations.

Moon is the Oldest TV, 1965 de Nam June Paik a été inscrite en 1985 à l'inventaire du MNAM sous la forme d'une « sculpture vidéo » en exemplaire unique, composée d'images vidéo, de lecteurs, de téléviseurs N&B, d'aimants et de socles. Mais lorsqu'elle a été prêtée pour la rétrospective *Nam June Paik* au Solomon R. Guggenheim Museum de New York en 1999, c'est une simple autorisation écrite de reconstitution qui a traversé l'Atlantique. L'artiste et le SRGM n'ont pas sollicité le prêt physique de l'œuvre, qu'ils ne considéraient pas indispensable. L'artiste souhaitait non seulement restituer *Moon is the Oldest TV*, mais en outre faire « évoluer » sa réincarnation, qu'il a datée de 2000. Cette dématérialisation accélérée, qui culbute dans un même élan la référence historique, la valeur d'unicité de l'œuvre plastique et l'intégrité de la propriété acquise, peut causer quelque perplexité.

En fait, cela va de soi si l'on combine les expériences de Fluxus, le droit d'auteur et l'évolution de la pratique muséale.

« Sur chacun des téléviseurs apparaît une des phases du cycle lunaire. Nam June Paik exploite ici une technologie élémentaire : par l'adjonction d'un aimant au tube cathodique, avant toute émission d'images enregistrées, il interfère sur le signal électronique, transformant le point en cercle, demi-cercle et autre fragment »[5]. *Moon is the Oldest TV* réfère à des éléments de nature diverse, dont certains n'ont pas d'originalité propre au sens du droit d'auteur, comme les téléviseurs et les socles. Ces derniers sont manufacturés et interchangeables, sous réserve de leur remplacement à l'identique. Le support d'enregistrement des données visuelles, dont l'artiste dispose d'une copie d'auteur, est aussi un produit industriel. L'originalité de l'œuvre et la personnalité de son auteur résident dans l'assemblage et l'installation de ces éléments.

C'est ainsi que l'on peut la qualifier de sculpture, dont l'œuvre originale s'étend à huit exemplaires numérotés, comme le prévoit la loi. L'absence de valeur autographe des éléments et la reproductibilité des données visuelles permettaient donc d'éditer *Moon is the Oldest TV* à plusieurs exemplaires, par analogie avec la production de fontes à partir d'une matrice. Même si l'usage veut que le principe d'une édition se décide simultanément à la création de l'œuvre, rien n'empêchait Nam June Paik, en vertu de son droit d'auteur[6], de « refaire » son installation. Mais cela ne pouvait être celle du MNAM/CCI, comme le laissait entendre l'autorisation de reproduction sollicitée par Paik et le Guggenheim : si une sculpture peut avoir des originaux multiples, chacun d'entre eux est distinct et indépendant. La démarche de Paik aboutissait donc à la fabrication d'une nouvelle œuvre, sur laquelle le MNAM n'avait aucun droit de propriété, et encore moins sur les modifications que

---

[5]*Vidéo et après, la collection vidéo du Musée national d'art moderne*, catalogue établi sous la direction de Christine Van Assche, Ed. du Centre Georges Pompidou / Ed. Carré, Paris, 1992.

[6]Sont particulièrement visés ici le droit à la paternité (droit moral) et le droit de représentation (droit patrimonial).

l'artiste comptait apporter. Sauf peut-être le droit à la mémoire, ce qui ne détonne pas avec la fonction d'un musée... Car c'est dans ce sens qu'il faut interpréter la volonté de Paik de faire référence à la version achetée par le CNAC-GP en 1985, soulignant ainsi la continuité qui caractérise son travail au delà de ses objets, comme Fluxus le revendiquait.

Vingt-cinq ans plus tard, appliquer le critère d'originalité de la sculpture à une installation vidéo peut sembler aberrant, tant l'intégrité de son dispositif est fragile, à l'instar de la qualification d' « exemplaire unique » pour une œuvre dont le principe est technique, visuel et reproductible. A contrario, la vidéo incorporée à l'œuvre plastique ne saurait totalement l'assimiler à la création audiovisuelle ou à l'édition. En fait, Paik rejetait certains aspects conventionnels qu'il jugeait sans fondement ou anachroniques quant à sa démarche créative, comme les scrupules nourris par le musée sur la simultanéité de l'exposition de *Moon is the Oldest TV* à New York et à Paris dans *Le Temps, vite !*. Le point de vue de Paik appelle à une révision des catégories patrimoniales traditionnelles, dans ce qu'elles doivent prendre en compte et au regard des droits qui en dérivent.

Que cette « réclamation » se fasse à l'extérieur du musée – d'où son caractère manifeste et dérangeant – ne signifie pas que ce dernier la mette fondamentalement en cause. Il n'existe pas de certificat officialisant les modalités d'installation ni les caractéristiques précises des éléments ; les valeurs d'usage restent donc contestables. La conservation de l'œuvre conduit nécessairement le musée à envisager l'obsolescence du matériel et de sa technologie, et donc leur évolution à terme, en accord avec l'artiste. Ensuite, en interdisant le mouvement des éléments interchangeables (les moniteurs et les lecteurs) mais en acceptant de prêter les bandes vidéo[7], l'institution admet de fait une hiérarchie au sein des éléments de *Moon is the Oldest TV* sans que son intégrité en soit altérée. Bien plus,

[7]Cette dissociation est une pratique courante dans le cadre du prêt d'installations vidéo.

Paik a reconfiguré son installation dans l'enceinte même du Musée, à l'occasion de sa présentation dans les salles (1985, 1992), en modifiant le nombre et le type de moniteurs[8]. Il a ensuite agréé le codage numérique des données visuelles. Le musée a enregistré ces variations au sein de l'œuvre en distinguant dans sa documentation ses états successifs, sans pour autant qu'ils génèrent d'exemplaires originaux. N'est-ce pas pourtant ce qui aurait dû ressortir de ces expériences conduites sur ce qui était à l'origine une « sculpture vidéo » ?

Moon is the Oldest TV a donc été présentée à New York avec le cartel suivant : « 1965, colored version 2000. Collection CNAC-GP, MNAM, Paris. This variation of the 65' original created for The Worlds of Nam June Paik is made possible by the NASA Art Program ». Les moniteurs, au nombre de treize, se répartissaient dans une rotonde à la luminosité naturelle (le MNAM privilégie quant à lui la pénombre constante). Aux bandes d'origine s'est ajoutée *Full Moon*, montrant un vol d'oiseau en images de synthèse, et l'ensemble a été légèrement colorisé. En compilant dans son intitulé l'amplitude historique de *Moon is the Oldest TV*, Paik assimile la notion de version à celle de génération. Si du point de vue juridique, New York et Paris jouissaient au même moment de deux installations distinctes, l'esprit de son auteur désignait quant à lui une œuvre qui était la même tout en étant autre. L'esprit du musée a répondu, dans la démarche historique qui lui est propre, à celui de Nam June Paik, arguant d'une sorte de « droit de mémoire » – sinon d'origine – évoqué auparavant. Son autorisation s'est assortie du souhait d'avoir communication de tous les ajoûts et modifications entrepris par l'artiste, afin d'enrichir la documentation de *Moon is the Oldest TV*. Aucune exigence juridique ne fonde cet accord : il ne dépend que de la bonne disposition des parties et de leur volonté de poursuivre leur collaboration. Ce que le MNAM/CCI conserve aujourd'hui n'est pas tout à fait ce qu'il a acheté, de son propre fait comme de celui d'agents qui lui sont extérieurs.

---

[8]Les moniteurs varient de 9 à 12, pouvant aller jusqu'à 17, des téléviseurs couleurs succèdent à certains en N/B.

A son terme, cette fable trouve une morale : la diffusion de *Moon is the Oldest TV* a remis en perspective l'engagement, les droits, devoirs et limites de chacun des acteurs du contrat artistique dont l'œuvre reflète les accords et les accrocs. En interrogeant à rebours le cadre de la cession de l'œuvre, en substituant à la notion de propriété celle d'exploitation, en révisant les catégories patrimoniales et documentaires, cet épisode pointe les évolutions et contradictions dans lesquelles le musée est engagé et qui requalifient son rôle et sa responsabilité.

A l'instar des certificats produits par les artistes conceptuels, l'avertissement qui définit les œuvres de Daniel Buren concrétise la relation indéfectible de l'auteur et de son œuvre, en même temps qu'il y implique son propriétaire, puisqu'il le désigne comme garant de cette cohésion. En cas de manquement des parties aux clauses du certificat, tant le propriétaire que l'œuvre sont disqualifiés.

En aparté, et suite à l'exposé d'Alfred Pacquement sur *Le Musée qui n'existait pas*, il faut remarquer que ce rapport de nécessité s'illustre dans le processus même de cette exposition, puisque le contrat de production prévoit une « concertation » entre Daniel Buren et les commissaires. L'interprétation scrupuleusement juridique de ce terme fait de ces derniers des co-auteurs dans le cadre d'une œuvre de collaboration.

Cette approche des relations au sein de la société de l'art se fonde sur la latitude du droit d'auteur, dont le certificat déploie tout l'éventail, parmi lequel figure le droit de représentation. La réserve de ce dernier par Daniel Buren concernant ses œuvres attire l'attention moins sur l'exercice de ce droit que sur les conséquences de l'absence de sa cession, cette dernière, dans le domaine des arts plastiques, étant rarement l'objet d'une négociation spécifique dans son principe et dans son coût. Dans le cadre de la collection publique et de l'activité du musée, le fait que l'artiste réserve son droit de représentation devient une contrainte majeure. La vocation d'un musée, outre de collectionner, étant d'exposer et de diffuser, il pourrait se retrouver en situation de ne pas réaliser sa mission.

Les arts vidéo et cinématographique ne laissent pas place au doute : exposer un film Super 8 de Vito Acconci ou une cassette Bétacam de Sadie Benning n'ayant aucun sens, l'acquisition du support s'accompagne nécessairement de la négociation particulière des droits liés à l'exploitation des éléments audiovisuels, régis par un cadre réglementaire précis. Le musée doit gérer les stratégies mises en jeu dans ces formes de création. Les installations combinant plusieurs médias réclament l'association de plusieurs savoir-faire, du matériel coûteux et pas mal de temps. Leur processus tend vers le modèle de production audiovisuelle classique, dans ses cadres humains, ses logiques financières, ses systèmes de distribution. Les frontières deviennent poreuses entre les divers acteurs et les rôles se partagent dans la collaboration en même temps que les auteurs et ayant-droits se multiplient dans le processus de production et oscillent entre l'individuel et le collectif[9].

Dans *The Third Memory*, Pierre Huyghe reconstitue le film de Sydney Lumet *Dog Day Afternoon* (*Un après-midi de chien*), substituant à l'acteur la personne réelle dont le rôle est inspiré. Cette « catharsis » aspire à rendre à cet homme son histoire, à travers la réinterprétation de son destin cinématographique. Les images du film de Lumet et le film de Huyghe sont diffusés dans deux salles où est installé du matériel documentaire contextualisant le fait divers. La production de *The Third Memory*, 1999 de Pierre Huyghe a été financée par plusieurs partenaires dont le CNAC-GP et Anna Sanders Films sarl, société de production co-fondée par l'artiste. Ce tour de table a permis la viabilité du projet et la production de cette installation à cinq exemplaires, dont un d'artiste. La co-production permet au musée la jouissance d'un exemplaire à un coût maîtrisé, avec les droits d'exploitation afférents pour la durée de protection légale. Cette modalité lui permet donc d'être un peu plus que propriétaire, car sa qualité de producteur lui donne des droits plus étendus. Elle installe ainsi d'emblée le

---

[9]Cf. Nathalie Moureau et Dominique Sagot-Duvauroux, « Le droit d'auteur confronté aux créations contemporaines », *Mouvements*, n°17, septembre-octobre 2001, Paris, p. 17-20.

musée au sein d'un système économique et juridique commun à l'ensemble des industries des médias et du spectacle. Que la modalité d'acquisition muséale que constitue l'achat par commande se soit développée au Centre Pompidou est naturel ; la vocation du Centre à diffuser les formes et les pratiques de la création contemporaine fait de l'établissement une gigantesque machine de production, dont la réforme statuaire de 1992 a recentré la fonctionnalité sur l'exposition et le spectacle vivant. S'observe alors, dans certains domaines, une dépendance de la collection vis à vis de l'exposition, seul cadre productif techniquement et économiquement viable à l'acquisition de l'œuvre. Dans le secteur des nouveaux médias, la collection dérivée de l'exposition concerne, depuis 1987, environ 30% de l'ensemble des installations : citons, pour les plus récentes, *Zapping Zone*, 1990-1997 de Chris Marker, *Hors-champ*, 1992 de Stan Douglas, *Feature Film*, 1999 de Douglas Gordon et *The Third Memory*, 1999 de Huyghe. Par la nature des processus artistiques et technologiques auxquels il s'intéresse, ce domaine de collection transcrit continuellement et de façon visible les opérations de transfert entre la politique culturelle, ses contextes créatifs et économiques ainsi que ses acteurs, mais rapporte aussi les difficultés que posent au musée des systèmes dont il n'a pas la maîtrise.

La diffusion hors du CNAC-GP de *The Third Memory* signale la pluralité des régimes qui la caractérise, à travers les nombreuses démarches auxquelles l'emprunteur doit se soumettre. Contrairement à un film ou une vidéo, l'installation ne se déplace pas d'un seul bloc : chacun de ses composants est à considérer de façon autonome. Après avoir sollicité l'agrément du musée, la structure d'accueil doit négocier pour son propre compte auprès des ayant droits concernés les autorisation d'exploitation de l'extrait du film *Dog Day Afternoon* de Sydnet Lumet, de deux vidéos documentaires et de documents d'archive (pages du *New York Times*, de *Life Magazine* et du *Daily News*) incorporés dans l'installation. L'emprunteur se trouve lui aussi engagé dans la logique globale de la production de l'œuvre, et il y contribue a posteriori en payant sa part de droits d'exploitation. Cette cascade de droits et la variété des objets, des auteurs et des statuts qu'ils visent, offrent à mon sens une illustration manifeste du brassage des catégories artistiques, mais aussi de l'intégration au sein de l'œuvre de plusieurs modèles économiques dont la coexistence est parfois houleuse, comme l'avaient annoncé les situationnistes, Guy Debord, Jean Baudrillard et autres célèbres pamphlétaires.

Si l'hétérogénéité de ses objets a d'ores et déjà modifié la morphologie de la collection, sa définition raisonnée reste un chantier ouvert. Le principe d'analogie intégrale entre la nature de l'œuvre et celle de son objet, tel que l'inventaire l'a toujours pratiqué, ne résiste pas à l'inflation d'éléments au degré d'authenticité variable mais tout à fait pertinents pour la valeur de l'œuvre qu'ils composent. Ainsi, comme évoqué précédemment, certains éléments techniques, scénographiques et documentaires ne sauraient jouir au sein de la collection de la même équivalence de valeur produite par l'exposition de l'œuvre. Le musée y joue sa capacité d'expertise des collections qu'il conserve. Outre les nuances qu'elle introduit dans les principes généraux de numérotation, d'identification et de marquage, la prolifération des statuts matériels nécessite un véritable aménagement catégorique et hiérarchique de l'inventaire afin que soient prises en compte sans équivoque possible les notions d'exemplaire, d'édition et de version et autres avatars de l'œuvre en représentation. La publication prochaine du décret fixant les normes techniques de l'inventaire, comme prévu par la loi relative aux Musée de France et votée en 2002, ne manquera sans doute pas d'alimenter ce débat.

Après les modalités d'acquisition, d'inscription et de diffusion, le dernier paramètre constitutif des collections que j'aborderais – hélas trop brièvement – vise le domaine documentaire, auquel le dynamisme foisonnant de la création contemporaine a lancé de nouveaux défis. La temporalité limitée des installations, performances et autres processus spectaculaires exige de la mémoire documentaire une adaptation pertinente de ses principes d'instruction, aux fins d'intégrer les protocoles « invisibles » – conceptuels, technologiques… – qui animent les œuvres, et de permettre leur interprétation. Ainsi, décrire *One and three Chairs*, 1965 comme l'installation d'une chaise et de deux photographies noir et blanc ne rend pas compte de l'œuvre de Joseph Kosuth. Cette triple représentation d'une même chose (une chaise) sans répétition formelle (1/ sa matérialité, 2/ sa définition linguistique, 3/ sa reproduction photographique ne saurait se contenter d'un constat matériel sans qualification de l'économie qui la gouverne. Pour respecter le projet de Kosuth et montrer que « l'idée de l'art et l'art sont la même chose », il importe de distinguer l'élaboration de l'œuvre de sa réalisation, qui, dans ses objets, n'est que référent et documentation d'un procès relationnel : la chaise est quelconque, et les photographies (la définition du dictionnaire et l'image de la chaise dans l'espace d'exposition), reproductions d'éléments en situation générées par l'acte d'exposer. Une fois l'exposition révolue, la place des images de la chaise et de la définition n'est pas dans la réserve du Musée, mais dans le dossier documentaire de l'œuvre – dont le format est généralement inadapté à ce type d'archive… Quant à la chaise, la rendre à sa fonction naturelle de support tombe sous le sens. Toutefois, dans ce cas précis, la confusion entre l'œuvre et ses référents est aisée, tant l'exposition les solidarise et oblitère toute hiérarchie entre eux, tant l'inertie de la plupart des « objets muséaux » génère le risque de laisser les référents à se substituer à l'œuvre au sein de la collection, et d'« oublier » l'acte de production *in situ*. A défaut d'une instruction documentaire caractérisant chacun des niveaux synthétisés dans l'œuvre en représentation, il s'avère difficile pour le gestionnaire de répondre à quelques questions capitales : qu'a-t-on acquis (le certificat + une reproduction de la définition ? la chaise ? les trois ?) ? que doit-on produire ? que doit-on conserver ? que doit-on prêter ?

A l'archive linguistique et iconographique descriptive, devenue insuffisante, se conjuguent d'autres outils d'instruction mais aussi de véritable médiatisation, telles les bases de données permettant l'association de données textuelles, visuelles et sonores qui tendent à restituer la dimension de l'exposition, dans un mimétisme produit notamment par l'animation. En matière d'art visuel, les fictions produites sur CD-ROM et sites en lignes, avec souvent les mêmes moyens utilisés par les artistes, deviennent ainsi concurrentes de l'œuvre elle-même dans l'enceinte de la collection. Elles contribuent à accuser la perte de l'origine, référence encore fondamentale de la légitimité du musée[10].

Pour conclure cette mise en abîme de la collection dans l'exposition, je voudrais souligner que les nouvelles contradictions qui succèdent aux anciennes ne font que prouver la bonne santé d'un système en constant état alternatif. Le musée et ses conventions ne sont affranchis ni de la théorie, ni de l'expérience, ni des controverses. Comme outil d'investigation et d'interprétation, le musée et sa collection offrent sans doute plus que jamais une large visibilité sur les transformations des champs et des pratiques de la production culturelle, les résistances qu'elles suscitent et les réformes qu'elles annoncent. Mon expérience et les quelques exemples cités m'ont appris que ce n'est point enfoncer des portes ouvertes de remettre sans cesse le métier sur l'ouvrage, surtout quand l'un et l'autre changent aussi manifestement de nature et de fonction.

---

[10]Cf. Jean-Claude Chirollet, « La mémoire encyclopédique 'virtuelle'», *Les mémoires de l'art*, P.U.F., 1998, p. 130-143.

LA PRÉSENTATION DES ŒUVRES

Renée Lévi

La présentation des œuvres – leur exposition – est une question immanente à mon travail : elle est une composante intrinsèque de ma création artistique.

Tout travail implique l'exposition, son placement, son positionnement dans l'espace. J'envisage l'acte d'exposer en lui-même comme déterminé et déterminant ; il me permet d'exprimer que ma conception de l'art, ou plus précisément de mon travail, repose sur une approche qui englobe l'acte d'exposer d'un point de vue artistique, non du point de vue du curateur. Seule leur présentation dans des espaces spécifiques, des contextes spécifiques, permet de révéler et de vérifier le potentiel de mes travaux d'atelier.

Mes œuvres sont peinture, dessin et écriture, que je « spraye » sur des panneaux ou directement sur des murs. Mes tableaux sont certes réalises en atelier, mais ils ne se révèlent que dans des espaces données ou des situations déterminées. A l'instant où je saisis la bombe de peinture, j'envisage aussi des contextes et des situations : des couleurs, des qualités de lumière, des réminiscences sonores, des données architecturales, une certaine utilisation du lieu, ou les personnes qui l'occupent et l'habitent. Pour autant, le tableau doit se suffire à lui-même, et fonctionner par lui-même. C'est à cette condition seulement qu'il pourra exister dans son contexte.

Dans le cadre d'un exposé, seulement la qualité et l'évidence de la (re)présentation – et non celle du travail en lui-même – sont les critères pour la compréhension d'une œuvre. Dans l'exposition de mes œuvres, le mouvement, la position du spectateur, ses déplacements, se trouvent au centre de mes préoccupations. Je vous présente mes travaux sous forme d'animations numériques, en tant qu'image en mouvement. L'animation numérique me parait être la technique la plus adaptée à cet objectif : la présentation filmique raconte, explore et permet une approche du travail. Il n'existe pas de représentation globale, pas d'image fixe définitive ; uniquement différents points de vue et perspectives : ce qui se rapproche plus de l'essence de mon travail qu'une reproduction photographique hermétique.

♦ « Galata »

Galata a été présenté lors de *Painting on the Move* : c'était le titre d'une vaste trilogie d'expositions thématiques, qui a eu lieu cet été à Bâle.

Ma contribution *Galata* pour le Musée d'Art Contemporain s'intitulait : « Il n'existe pas de dernier tableau, la peinture après 1968 ». Elle était exposée dans le hall d'entrée, un espace ouvert, sur un mur d'une longueur de 30m - hors des espaces d'exposition habituels situés eux dans les étages. Celui-ci se trouvait à proximité d'une exposition permanente d'artistes minimalistes comme Donald Judd ou Carl André.

Cet espace est caractérisé par l'apport de lumière du jour. Il y a un étrange halo de lumière sur le mur du fond. Aussi si ce mur est le mur principal d'exposition du hall d'entrée, la lumière, qui tombe dans une direction parallèle de la surface et qui reflète les ombres portées des embrasures de fenêtres, semble empêcher toute présentation d'œuvres bi-dimensionnelles. Souvent, les œuvres bi-dimensionnelles présentées sur cette paroi profitent plus de la notoriété du lieu que du lieu en lui-même.

Galata est composé de 27 panneaux de (particules) MDF de 4 mètres sur 1, chacun dressé sur le sol et poussé l'un contre l'autre. 24 panneaux sont préparés avec une base incolore – les 3 panneaux restants sont peints avec une couleur similaire aux panneaux de fibres brutes. Tous les panneaux sont peints/dessinés avec les bombes de peinture. Les lignes créent une texture qui engage l'œil à la lecture, sans pour autant lui apporter de soutien.

Ce ne sont pas uniquement la surface peinte, ses couleurs visibles et sa figuration, qui facilitent la perception du lieu : l'emplacement des liaisons des panneaux permet une orientation visuelle et spatiale. Seule la jonction des panneaux permet de structurer le tableau, d'ordonner l'espace et de le rendre accessible. La juxtaposition des panneaux forme des jointures et des sutures (points de liaison).

Une jointure est un élément dur, défini, une force, une pression, alors qu'une suture permet de relier des éléments, elle est impalpable, éphémère, et se veut imperceptible. Toutes deux - la jointure et la suture- renvoient à l'idée de perte : l'absence d'un tout, d'une globalité, d'un achèvement.

La jointure ou la suture permettent de réaliser diverses extensions et déplacements. Elles présentent l'œuvre comme un processus inachevé et inachevable. Ce qui signifie également que sa visualisation, sa perception et sa compréhension ne peuvent se concevoir que sous la forme d'une approche infinie. Il reste toujours un élément, un emplacement pour une jointure supplémentaire. L'œuvre n'est pas un objet fini, elle n'est qu'un fragment d'un autre fragment. Son espace fait partie d'un autre espace qui englobe le premier. Il est évident que la taille de l'œuvre dans l'espace, sa structure et les dimensions du lieu, sont des paramètres essentiels.

L'œil cherche à trouver une entrée dans l'image. La compréhension du tableau ne résulte pas de l'observation d'un motif déterminé. Pour le regardeur, il est important d'avoir un point de vue, une attitude. Où se placer ? A l'entrée du musée, d'où le spectateur est supposé jouir d'une vision globale ? Les dessins individuels s'y fondent en points ou en lignes de trame. Dans la pièce ? Où exactement dans la pièce ? Au milieu des autres œuvres ou en elles ? Sur les plaques de Carl André? A moins que ce ne soit devant ou derrière les cubes de Donald Judd – qui eux-mêmes évoquent les figures vues de dos de Caspar David Friedrich, par exemple le *Moine au bord de la mer* ?

Mes intentions renvoient à elles-mêmes. Mes gestes doivent montrer ce qu'elles veulent montrer ; montrer ce qu'elles montrent. Cette présentation est double : d'une part, l'œuvre se montre elle-même et révèle d'autre part, la pièce, le contexte. Montrer et désigner permet les différences, les limites, les liaisons et les superpositions ; ouvre la voie dans diverses directions ; permet ainsi de se référer à ce qui précède, au présent (anwesend) et à l'absent (abwesend). Je considère tous les espaces comme des entités qui définissent des lieux spécifiques. Je peux les expérimenter dans leur immédiateté et leur présence. Pour moi, exposer est donc toujours le moyen de montrer d'une nouvelle façon un lieu spécifique.

Avec *Galata*, je voulais remplir le mur – l'espace – de peinture. J'utilise le mot *remplir*, car il évoque et implique quelque chose de corporel et de spatial. Il évoque et il implique que ce volume – cet espace creux – réclame de la substance. Or j'estime que les actions de remplir et de montrer sont intimement liées et complémentaires : l'acte de remplir a trait au corps ; l'acte de montrer présuppose une surface ou un plan d'intersection.

Le fait qu'un lieu soit aussi important pour mon travail que pour la perception que les gens en ont, rend pour moi obsolète toute distinction entre les lieux d'exposition – qu'il s'agisse d'institutions comme le musée, de galeries ou de contextes différents comme l'espace public ou privé. Il s'agit toujours de montrer (Zeige-Situation). Face à un espace, mon approche personnelle renvoie d'abord à l'acte de montrer, un geste par lequel je désigne ce qui est présent, ce qui est donné. Et, du même coup, un geste par lequel je renvoie à ce qui est caché : sa fonction, son histoire, sa vulnérabilité – la façon dont cet espace est utilisé, manipulé.

Paradoxalement, ces espaces hors des dispositifs traditionnels d'exposition se sont révélés plus constructifs (et plus productifs) pour mon travail et mon expérience.

Dans les bâtiments qui, au départ, ne sont pas conçus pour accueillir des présentations artistiques, l'art doit s'affirmer de façon beaucoup plus complète et diversifiée. Cela nécessite des positionnements artistiques beaucoup plus clairs et radicaux. Si ma technique de « sprayage », en tant que telle, est de mieux en mieux acceptée dans le cadre des musées ou des galeries, elle provoque occasionnellement des réactions de rejet dans l'espace public : dans un musée, il n'y a pas d'objection à des « sprayages » de « bonne » qualité, au contraire de ce qui se passe dans l'espace « public ».

♦ <EYES 1> **Espace clientèle UBS Freiestrasse Basel, 2000**

C'est, par exemple, le cas de l'espace clientèle d'une des plus grandes banques suisses, située dans une des plus importantes rues commerçantes de Bâle.

Point de départ et centre de ma peinture : 4 caméras de surveillance orientées sur les guichets clientèle. J'ai « sprayé » autour de ces 4 caméras des formes amorphes qui, vers l'extérieur, se transforment en une trame constituée de bandes horizontales, puis se muent en un motif vertical sur les côtés. Ce motif entoure les formes intérieures, telle la bordure d'un tapis mural. J'ai centré ma peinture sur les caméras de vidéosurveillance, rappelant ainsi aux clients que, malgré la volonté d'ouverture de la banque, ils sont toujours observés.

La finesse du « sprayage » de l'œuvre devait marquer par sa simplicité, la maîtrise et la technique se voulaient discrètes. Cette volonté de discrétion était en contradiction frappante avec l'apparence spectaculaire – voire même ostentatoire – de la réalisation. Je reportais, je traduisais mon énergie psychique en mouvement physique. Le dessin, en tant qu'expression d'une énergie, transmet une authentique autonomie artistique. L'œuvre est à la fois événement et résultat d'une performance, d'un geste artistique. Le dessin qui en résulte reste comme un témoignage vivant de ma propre transformation. L'utilisation que je fais de ce mur, en tant que support et surface de projection, me permet d'intervenir sur l'espace, pour le transformer en un espace qui renverra l'observateur à lui-même.

D'une part, l'acte de « sprayer » demande une grande concentration et une haute précision. D'autre part, il nécessite une vitesse importante et un rythme précis dans l'exécution. Ce que je « spraye » est présent à l'échelle un/un ; le geste s'effectue sur le site même, dans l'instant même. Je ne suis en mesure, ni de corriger, ni de repeindre, ni d'effacer ! Ce qui signifie également qu'il ne peut y avoir de bon ou de mauvais, de réussite ou d'échec. Pour moi, la vaporisation est également devenue une stratégie pour tromper ma raison. Cette irrévocabilité me place, soit dans un état de tension extrême, soit dans une sérénité absolue.

L'image ne peut échapper à quiconque entre dans l'espace des guichets. Immense, rouge et fluorescente, elle illumine l'espace. L'art *in situ*, comme il est convenu de l'appeler, reste toujours marqué par un souci de discrétion, caractérisé par la soumission de l'œuvre à l'architecture à laquelle elle s'intègre. C'est la raison pour laquelle mon intervention a été interprétée comme une provocation. Il semblerait que le « sprayage » soit toujours associé à des actes de vandalisme sur les façades d'immeubles et les bâtiments publics et révèle ainsi toute la répressivité du domaine public.

Quiconque se tient devant ce mur, pénètre de ce fait dans la peinture et devient quasiment partie intégrante de sa réalité : les bureaux, les étagères et les équipements font office de mobilier, les employés de la banque et leur clients opèrent comme des figures dans le tableau. Le tableau ne se complète qu'avec la présence des personnages qui agissent devant lui ou, mieux encore, « en » lui – comme des acteurs sur la scène d'un théâtre. Où se situe la limite entre la scène et le public ? Où exactement pénètre-t-on dans l'image ? Cela est difficile à dire. Mais, même si l'on est à la fois observateur et observé, il existe tout de même des différences bien distinctes : selon sa position dans l'espace, on peut être soit un personnage en marge qui observe, soit un protagoniste observé. Peut-être l'observateur se demande-t-il comment il peut être doublement impliqué par l'image : en tant qu'acteur et en tant qu'observateur de la « scène » « sprayée », il est également sous la surveillance étroite des caméras de la banque. Sans doute, se demande-t-on également comment cette pièce serait perçue sans mon travail ? Dans quelle mesure influence-t-il notre propre vision des choses ? Le client aurait-il remarqué la présence des caméras de surveillance « aveugles » ? Voilà ce qui m'intéresse : comment nous voyons les choses, et comment nous les percevons.

♦ <REUSS>, Salle du conseil cantonal de Luzerne, 2001

Pour la construction de la salle du Conseil cantonal de Lucerne, on se fonda sur la forme d'un théâtre antique, avec son agencement des sièges en demi-cercle. Le fond de scène d'un théâtre classique est traditionnellement peint et fixe un « horizon ». Cette peinture a pour objectif de clore l'espace de la scène, tout en l'ouvrant sur l'infini, l'immensité. Avec ma proposition *Reuss*, je me référais d'une part au contexte historique, et voulais d'autre part une atmosphère colorée intense, qui ne pouvait surpasser ce contexte chargé d'histoire qu'à travers l'emploi de la couleur.

Reuss est une peinture appliquée sur de longs panneaux de bois horizontaux, montés décalés. Les panneaux juxtaposés, garnissent l'intégralité du fond de la paroi de l'alcôve où se trouvent les représentants du pouvoir exécutif. A hauteur des yeux, un panneau de 4 mètres sur 1 est laissé en blanc. L'intégralité des panneaux restants constitue une grande texture, à base de lignes « sprayées » en jaune fluorescent. Le jaune forme un espace de couleur lumineux, ressortant des profondeurs de l'alcôve. Les lignes forment un entrelac horizontal serré, de traits de dimensions différenciées. Le panneau laissé blanc derrière les têtes de l'exécutif s'offre en tant que peinture autonome, en tant que surface de projection ou en tant que trame de fond horizontale. Il s'agit d'un champ d'activité, d'un espace d'action éventuel. En se laissant gagner par cet espace – en l'observant, en le ressentant, en le méditant - on s'y reflète soi-même. La peinture intègre cet espace ouvert et sert de cadre à la réflexion. Ce cadre agit comme une mise en scène des débats parlementaires qui se jouent régulièrement dans cette salle.

Je suis fascinée par les lieux qui ne peuvent se réduire à une simple définition – comme le *white cube* – et dont la destination et l'utilisation doivent constamment être renégociées publiquement. Réaliser et exposer un travail dans de tels lieux, est pour moi une forme subversive de l'exposition. Subversive par rapport à l'institution du musée, qui s'approprie quasiment l'« exposition » et au sein duquel l'art se constitue en art. Subversive également par rapport à une pratique habituellement réservée au curateur, auquel l'artiste peut déléguer ses responsabilités et sa libre disposition. Et, troisièmement, subversive au sein d'un espace spécifique, qui n'a pas été défini initialement comme lieu d'exposition et qui de ce fait se ré-actualise comme un nouveau lieu. Ce qui s'accompagne également d'une implication politique : l'acte d'exposer, en tant qu'action fixant les règles de ce qui doit et qui peut être montré, est un geste de pouvoir. L'action d'exposer établit des règles et des valeurs. En ce sens, elle génère implicitement un système à caractère obligatoire, qui détermine comment répertorier, classer et révéler l'art. L'acte d'exposer est l'interface déterminante, qui agit comme mécanisme régulateur d'inclusion et d'exclusion de l'art. Il formule les conditions et participe à la définition de ce que l'on reconnaît comme étant de l'Art et de ce qui doit être montré.

♦ <EYES 2> Wolfsberg, 2002 et <Leroy Merlin>, 1999

Les œuvres que j'ai exposées sont des tableaux pour la plupart ronds et s'articulent aux dimensions du lieu. Le cercle en tant que format de tableau repose sur une longue tradition. Les cultures les plus diverses lui attribuaient et lui attribuent toujours une valeur symbolique, souvent proche : il symbolisait et symbolise toujours la perfection qui rassemble en elle tous les contraires. Ne présentant ni début ni fin, le début et la fin sont partout présents ; c'est pourquoi le cercle est en mouvement perpétuel.

J'ai cependant brisé cette embarrassante perfection, en donnant à l'œil une ligne d'horizon, une jointure entre les deux parties du tableau qui crée un « haut » et un « bas ».

Si cette jointure n'apparait que dans les tableaux, elle est cependant présente à travers toute l'exposition. Elle est placée à une hauteur continue de 1,45 m au-dessus du plancher – correspondant au centre de rotation du bras humain. Ainsi, la hauteur de la jointure par rapport au plancher était fixée dès le départ et servait de base à la détermination du diamètre du cercle, pour les deux hauteurs des deux salles d'exposition.

L'emplacement des tableaux dans la pièce s'articulent principalement au pas des usagers de lieux et des visiteurs, et donc à la fonction du bâtiment et à son utilisation. Les tableaux ne doivent pas se soumettre au rôle prépondérant des fenêtres et aux autres surfaces murales. Certains tableaux se glissent partiellement ou complètement devant les fenêtres, semblent agir indifféremment de ces dernières, les ignorent et s'accaparent la lumière.

C'est là que des couleurs fluorescentes démontrent leur qualité : leur brillance agit de façon différente sur les diverses qualités de lumière.

Au sous-sol, une vidéo passe en boucle ; elle montre la contemplation candide, le regard neutre et sans a priori d'un enfant curieux ; le regard comme condition préalable à la perception.

La vidéo a été réalisée dans un grand magasin d'articles de bricolage. Je tiens la caméra vidéo à bout de bras et je la dirige vers le visage de l'enfant que je porte devant moi. Nous nous déplaçons en symbiose – moi, en tant qu'opératrice caméra, la caméra et l'enfant – à travers l'espace. L'enfant est submergé par des impressions visuelles et acoustiques et réagit immédiatement à ces influences. Le visage agit comme un double support ; d'une part, sur un plan mental-intuitif, en ce sens que l'expression du visage traduit les sensations de l'enfant ; d'autre part, sur un plan formel, en ce sens que l'environnement se reflète sur le visage. Les sources de lumière se reflètent dans ses yeux. La couleur de la peau du visage change et se transforme en support pour la lumière et les couleurs. L'enfant joue le rôle du sujet réceptif, prêt à s'approprier son environnement. Le spectateur, comme l'enfant, est le sujet de la perception – un enfant dont le visage, à son tour, devient objet d'observation.

Dans la vidéo, le corps humain, vecteur de sensations, est placé au centre. L'homme, perçu comme un récipient, un être réceptif, est l'objet de mes recherches. La problématique centrale réside dans l'étude de la phénoménologie visuelle elle-même.

Mesdames, Messieurs, je voudrais conclure cette présentation de mes quatre travaux, en vous présentant mes critères de ce que pourrait être le tableau idéal : un bon tableau se caractérise par sa clarté – « klar in der Form, klar in der Farbe, klar im Raum » – la clarté de sa forme, la clarté de son coloris et la clarté de son espace. Il en résulte que seul un tableau exposé peut-être un bon tableau. Merci beaucoup.

La production de l'exposition ?

Eric Mangion

De manière un peu générale, je commencerai par dire qu'après « L'histoire de l'exposition », « Les nouvelles méthodes, nouvelles approches », « Les théories de l'exposition », ce quatrième volet « L'art exposé » semble impliquer par son titre et ceux qui y débattent, le caractère *concret* de l'exposition, c'est à dire sa production en tant que telle, comme on parle de la production d'un film.

Il n'est d'ailleurs pas étonnant que ce chapitre arrive en quatrième et dernière position de ce colloque, tant il est vrai qu'on oublie à quel point une exposition est aussi une histoire d'occupation d'espace, et par conséquent une histoire de transport, d'accrochage, de conservation, de restauration, etc. Bref, une histoire de moyens techniques et logistiques.

Il me sera donc très difficile d'en rajouter sur l'aspect théorique ou historique de l'exposition. De même, je ne pense pas que ce soit le meilleur moment pour raconter mes propres aventures (ou mésaventures) professionnelles. Néanmoins, je pense sans aucune arrière-pensée malveillante, que ce colloque aurait dû s'appeler « l'Art contemporain et ses expositions ».

L'exposition est en effet pour moi une notion plurielle. Il existe plusieurs niveaux d'exposition. Je suppose qu'organiser la *Documenta* comme a pu le faire Catherine David ou organiser un accrochage de trois œuvres du Frac dans un lycée à Carpentras ne représente ni les mêmes enjeux, ni les mêmes effets, ni surtout les mêmes modes de préparation logistique et conceptuelle. De même, je ne crois pas que la Biennale de Venise ou la programmation de la Kunsthalle de Dussëldorf dépendent des mêmes stratégies.

Il n'y a d'ailleurs qu'à voir les polémiques que représente tous les deux ans le choix de l'artiste français pour la Biennale de Venise pour s'en convaincre.

Finalement, il n'y a qu'une chose qui soit réellement commune à toutes les expositions ce sont les œuvres et les artistes. Le reste n'est qu'une question de géopolitique, de médiation ou de conjecture. Le paradoxe, c'est que parler d'œuvres et d'artistes dans un débat sur l'exposition peut sembler un lieu commun. Un lieu tellement commun qu'il en devient pour certains d'entre nous hors-sujet.

Pourtant, ces deux paramètres artistiques a priori incontournables connaissent aujourd'hui – surtout en France – des problèmes statutaires complexes. Des problèmes qui risquent de nuire en tout cas à cet aspect concret de l'exposition ou du moins, comme on dit dans notre jargon, au montage de certaines expositions. Le premier de ces problèmes concerne donc l'avenir des collections publiques. Il faut en effet savoir que de plus en plus d'expositions s'organisent et s'appuient aujourd'hui sur l'immense capital des collections publiques : Fnac, Frac(s), Fonds départementaux ou municipaux.

On sait par exemple qu'une majorité des expositions les moins médiatiques, celles qui foisonnent dans les lycées, les collèges, les universités, les associations municipales ou encore les musées dits de province s'appuient sur ces collections publiques. Parfois il faut l'avouer de piètre qualité formelle, ces dernières permettent néanmoins d'établir un dialogue constant avec des publics non initiés, de les sensibiliser, voire même de susciter de véritables vocations, des initiatives originales. Ce système quasi unique au monde fonctionne comme une véritable banque de données inépuisable.

Sans vouloir jouer les gardiens du temple, il est accusé, on le sait, de tous les torts – surtout par les professionnels d'ailleurs – tout en oubliant qu'il joue également un rôle économique important, et qu'il est souvent le chaînon manquant entre le niveau n-1 de l'exposition et la *Documenta.* Sans parler du statut de politique locale qu'il joue face aux pensées réactionnaires les plus primaires. N'oublions pas par exemple que le Front National a inscrit dans son programme présidentiel la disparition purement et simplement des Frac(s). Toutefois, ce système de collection vit actuellement un véritable paradoxe structurel. Par ses moyens, par sa « générosité », par sa diffusion, il accumule depuis vingt ans, et de manière exponentielle des œuvres.

Plus qu'un débat de fond qui me paraît toujours vain sur la qualité ou pas de ces dernières, cette situation correspond à mon sens à une véritable bombe à retardement. En effet, les réserves sont saturées d'œuvres. On ne peut pas tout sortir. Les œuvres acquises au début des années 80 sont par exemple de moins en moins sollicitées par le public. Et les nouvelles acquisitions s'accumulent. Mis à part quelques exceptions, la plupart de ces structures sont largement sous-équipées. Les conditions de conservation sont souvent précaires. La collection du Frac Corse est par exemple déjà partie en fumée alors que sa directrice ne cessait de demander des moyens conséquents pour de nouveaux équipements.

On ne peut donc continuer à acquérir sans fin tant d'objets, sans un jour se poser la question de leur avenir. Le danger que je sens pointer d'ici quelques années est que nous soyons obligés de stopper toute acquisition, sous prétexte que nous ne disposions plus d'aucun cm^2 pour les stocker, ou que tout simplement, quelques incidents similaires au Frac Corse provoquent une réaction politique paralysante. Un tel scénario aurait des conséquences néfastes pour toutes ces expositions que je qualifie de non héroïques, et qui me semblent essentielles. Celles je le rappelle, qui peuplent les petits lieux.

Ainsi, et avant d'en arriver une fois de plus à des situations extrêmes, il faut donc se mettre rapidement autour d'une table avec les artistes, les élus, les responsables culturels, les fonctionnaires et même les galeristes pour envisager des solutions.

Les solutions sont évidemment structurelles : prévoir l'aménagement de réserves dignes de ce nom, et surtout des réserves modulables pour éviter l'effet boîte à chaussures.

Mais les solutions sont aussi du domaine des programmations artistiques. Parmi celles-ci, la plus connue est de mettre en place une politique de dépôt massive, échelonnée et pérenne dans les musées ou les lieux publics sécurisés. Ce qui veut dire accepter l'idée d'une séparation partielle des biens. Envisager de plus en plus d'achats en forme de certificat d'acquisitions d'œuvres réalisables pourquoi pas sur commande, correspondant à de véritables besoins dans des lieux et des espaces spécifiques. Enfin, accepter, pourquoi pas, comme le disent certains avec clairvoyance, la notion de périssable dans l'inventaire du patrimoine public.

Une telle révolution des mentalités permettrait à ces structures soit de s'associer directement avec des Musées ou des Centres d'Art sur des programmations prédéterminées, soit de briser enfin le tabou qui est le leur, et de devenir des musées à part entière.

L'intérêt d'une telle redéfinition des structures permettrait de régler à mon sens deux points essentiels. Le premier serait de définitivement effacer cet état d'entre-deux dans lesquelles elles vivent, et qui nuit à leur crédibilité. Le second serait de pouvoir recentrer les énergies afin d'aider au montage d'expositions plus importantes, disposant de moyens croisés, sans pour autant perdre cette mission essentielle de collection, puis de diffusion tout terrain.

Le second problème que je souhaite évoquer est celui du statut même de l'artiste. Plus encore que l'objet, le statut de l'artiste est une notion bien trop fragile. Pourtant, l'artiste est concrètement de plus en plus « présent » dans les expositions. Il l'est médiatiquement – nous n'avons qu'à regarder les Young British Artists – mais surtout « physiquement ». Le temps où de gros camions vidaient les ateliers pour des accrochages linéaires dans des musées semble presque éloigné.

L'artiste est aujourd'hui un producteur, un diffuseur, un metteur en scène ou un acteur de ses propres œuvres dont la présence pendant l'accrochage devient une absolue nécessité. Pourrait-on faire une exposition de Sarah Szee, Jason Rhoades, Michel Blazy ou Claude Lévêque sans leur assistance, ou à la limite sans l'assistance de leurs assistants ? Véritable phénomène sociologique de la création contemporaine, cette inclinaison pose de plus en plus la question du statut de l'artiste.

A défaut d'éléments comparatifs avec l'étranger, il apparaît que la situation française est une fois de plus assez paradoxale. En effet, les aides à la création pullulent, les bourses ou les ateliers également, mais grand nombre d'artistes de qualité vivent dans une grande précarité. Dans ce domaine également, une révolution des consciences est nécessaire.

Je ne suis pas sûr qu'un revenu minimum artistique soit une bonne idée tant sur le plan pratique qu'idéologique (il donnerait raison à tous les réactionnaires qui accusent les artistes de devenir fonctionnaires, et laisserait la porte ouverte à tous les profiteurs). De même, je ne crois pas à la pensée libérale qui consiste à dire qu'en favorisant le marché, les artistes en seront par la suite les grands bénéficiaires. Les deux avis sont des jeux de dupes.

Si les solutions sont en ce domaine difficiles à trouver, il semble en tout cas qu'il serait temps que toutes les parties jouent dans un premier temps le jeu de l'existant.

Ainsi, les pouvoirs publics pourraient donner aux structures culturelles les moyens financiers et juridiques pour financer le « salaire » de la production des œuvres. Les institutions culturelles pourraient enfin appliquer le droit de présentation publique qui me semble justifié. La Maison des Artistes pourrait simplifier ses procédures d'affiliation, développer ses réseaux et ses informations. La presse et les médias en général pourraient respecter un peu plus les droits d'auteur en citant au moins les artistes, les photographes et les collectionneurs. Enfin, la conscience collective pourrait cesser de véhiculer ce culte faussement duchampien du dandysme ou cette image de la vie de bohème qui oblige à considérer le statut de l'artiste comme un statut nomade et non professionnel. La chaîne est longue et complexe, et nécessite quoi qu'il en soit une grande réforme commune.

♦ Une loi cadre

Pourquoi en effet s'intéresse-t-on aux intermittents du spectacle et non aux plasticiens ? L'éternelle réponse est que les intermittents eux n'ont rien à vendre. Répondre ainsi c'est oublier premièrement que peu d'artistes vendent suffisamment pour vivre. Et que deuxièmement, pour vendre, il faut produire. Et que pour produire, il faut des moyens. Cette grande réforme qui peut paraître pour certains un sujet peu attractif éloigné du propos de ce colloque, aurait pour moi une grande incidence sur le rapport que nous entretenons justement avec l'idée de l'exposition.

En effet, au delà de son caractère purement économique pour l'artiste même, elle engagerait à coup sûr une révolution des mentalités. Elle obligerait les mairies, les conseils généraux et régionaux, certaines associations, voire même certains musées à prendre conscience du paramètre professionnel de l'exposition. Trop d'élus, trop de directions culturelles considèrent encore une exposition comme de la décoration de locaux, comme un faire-valoir momentané, un alibi mondain ou comme le motif d'un vernissage.

C'est drôle, mais on ne demande jamais à un musicien ou un metteur en scène de faire un concert ou de monter une pièce de théâtre dans un couloir, alors qu'on le demande toujours à un plasticien. De plus, une telle réforme améliorait certainement les rapports de confiance entre l'artiste et l'institution, sans oublier qu'elle donnerait également des moyens de production plus amples aux artistes français face à une « concurrence » anglo-saxonne, allemande ou américaine aux moyens on le sait bien plus élevés.

Ainsi, en guise de conclusion, je reste persuadé que le règlement à court terme des problèmes statutaires des collections publiques et des artistes actifs ne fera que renforcer la croyance et les moyens que nous donnons à *l'Art exposé* (comme l'indique le titre de ce débat).

L'exposition, c'est bien sûr de la théorie et de l'investigation artistique, mais c'est aussi une question de politique culturelle. La création évolue chaque jour conceptuellement, mais aussi et surtout sociologiquement.

Malheureusement, et ce n'est pas une nouveauté, les politiques n'évoluent pas au même rythme. Alors que de plus en plus de grandes manifestations artistiques type *Manifesta*, *Documenta* ou même certaines Biennales veulent mettre en valeur la pertinence des micro-institutions politiques ou sociales engendrées par les artistes contemporains. Alors que ces mêmes expositions veulent vanter les mérites des initiatives locales contre les effets pervers de la mondialisation, ou valoriser les ingéniosités de l'imaginaire artistique face à tous les rouleaux compresseurs, ces deux réformes attendues nous permettraient non seulement de résoudre des problèmes statutaires et juridiques épineux, mais aussi d'aider à la pérennisation des ces initiatives locales par l'excellence et la rigueur, tout en donnant j'en suis sûr des moyens logistiques et budgétaires supplémentaires au montage d'expositions de haut niveau, et à tous les niveaux.

La question de l'exposition

Olivier Mosset

On a dit (on, c'est Smithson en 72) que comme les prisons, les musées ont des gardiens. Les expositions, elles, comme la police, ont des commissariats. On a aussi dit que sans expositions il n'y a pas d'art, que l'exposition est une donnée de fait et qu'elle est impliquée de facto par la pratique artistique. C'est pourquoi, en effet, un artiste ne peut pas ne pas se poser la question de l'exposition.

Les relations entre les commissaires d'exposition et les artistes ont pu parfois avoir été un peu difficiles, mais ce que je pense c'est que c'est la relation même de l'art à son exposition qui est compliquée. Au fond l'art est toujours rattrapé par l'exposition. Il est vrai que parce qu'il y a des œuvres nouvelles qui justement tiennent compte de ces remarques, il y a aussi des formes d'expositions nouvelles.

Je ne suis pas un expert de ces formes. En effet, cette année, je n'ai vu ni *Documenta*, ni *Manifesta*. Ce que j'ai vu c'étaient des expositions à Bâle et à Paris qui essayaient de montrer des formes picturales aujourd'hui peut-être un peu obsolètes, mais qui au milieu de toutes sortes de nouvelles formes d'expositions sont certainement toujours possibles. D'ailleurs moi-même, après le vernissage du Palais de Tokyo, j'étais tout à fait content d'aller faire un tour en face, dans un musée où il fallait payer une entrée, un musée qui était un peu vide ce qui me plaisait plutôt.

Comme artiste, j'ai participé à des expositions dans des musées et également à quelques unes de ces expériences hors les murs, pas forcément les plus prestigieuses mais tout de même des expositions « différentes». Récemment même, avec des travaux plus ou moins appropriés à ces situations nouvelles. Par exemple, parce que je m'étais intéressé aux barrages anti-chars de l'armée suisse, ceux qu'on appelle « toblerones » et qui ressemblent un peu à des sculptures abstraites minimales, genre Tony Smith, on m'a invité à exposer dans un bunker de cette même armée. *Art-bunker* : c'était une exposition dans des bunkers, où j'ai peint un plafond. Auparavant, encore dans la campagne et toujours en Suisse, j'avais réalisé, sur une petite route, un gendarme couché, un *speed bump,* quelque chose qui vous oblige à ralentir. Plus récemment, dans une exposition nationale suisse dont on parle un peu, j'ai montré un travail (dont on ne parle pas du tout) qui est un assemblage de gros blocs de pierre. Ces blocs avaient été des socles de sculptures anciennement placées aux Tuileries et qui se trouvent aujourd'hui au Louvre. On a dit que ces blocs de pierre sont aussi des restes de la prison de la Bastille, et que c'est pour ça qu'on les avait conservés. Nous avions également montré avec John Armleder à la Biennale de Lyon une rampe de skate-board que plus tard nous avons réexposée devant les Abattoirs, à Toulouse, une fois à l'intérieur de l'exposition, une fois à l'extérieur.

Avec des artistes aujourd'hui qui se font opérer, qui réalisent des films ou des sondages ou qui font des petites architectures, les formes de l'exposition changent, mais la dialectique entre art et exposition, comme celle des rapports entre l'œuvre publique à son environnement reste une affaire compliquée. L'avantage de l'exposition, c'est bien sûr qu'elle est limitée dans le temps, ce qui lui donne une liberté qu'une œuvre publique n'a peut-être pas. En revanche, l'exposition doit être visitée pour pouvoir rembourser ce qu'elle a coûté. Il faut au moins qu'on en parle, et qu'elle fasse événement pour que ses sponsors soient contents.

A propos d'œuvre publique, ceux qui préparaient ce colloque m'ont demandé de parler d'un projet sur la Nationale 6, entre Avallon et Châlon. C'est le Consortium de Dijon qui est à l'origine de ce projet et c'est avec eux que ça se fait. Il y a là-bas l'atmosphère un peu rétro et moderniste des routes nationales, avec des publicités peintes, un peu effacées et de nombreuses stations-services aujourd'hui souvent abandonnées. Cela m'a particulièrement plu. La raison pour laquelle on m'a demandé de m'intéresser à cette histoire, était peut-être que c'est sur ce tronçon de route que Melville a tourné une partie du *Cercle rouge*. D'ailleurs le resto-route où l'une des scènes du film a été tournée existe toujours, quoiqu'en ruine. Concrètement, ce qui a été réalisé jusqu'à maintenant, c'est une toile, justement un cercle rouge qu'on a mis dans un cinéma rénové de Saulieu. Certaines de ces stations-services, où l'on espère faire des choses, avec d'autres artistes, peut-être, appartiennent déjà à des municipalités qui semblent intéressées. Mais enfin, ici, tout à coup, l'artiste se retrouve commissaire-adjoint. On verra comment ça va se passer, mais je pense qu'on va essayer de faire quelque chose entre œuvre publique et exposition. Contrairement aux autoroutes sur les bords desquelles on trouve parfois des œuvres, kitch ou contemporaines, ici ça sera plutôt de l'art au milieu duquel passera une route. On espère si simplement que les œuvres soient assez bonnes pour résister à leur emballage, qu'elles constituent l'exposition ou qu'elles y échappent en passant totalement inaperçues.

Le *double-bind* de l'art exposé consiste en ceci : l'art a besoin d'être exposé pour exister, mais le fait qu'il soit exposé lui fait perdre ses qualités, celles qui font que c'est de l'art. C'est toujours l'exposition qui gagne. C'est pourquoi les artistes malins plutôt que de faire de l'art, font des expositions. L'exposition on sait ce que c'est : disposer de manière à mettre en vue, comme vous le dit le communiqué de ce colloque. L'Art, c'est une autre affaire... Après que Duchamp nous a appris que n'importe quoi pouvait être de l'art. « Si on dit que c'est de l'art, c'est de l'art » disait aussi Donald Judd. Quoi qu'il en soit, ça reste quand même toujours quelque chose de spécifique, la question étant de savoir si c'est intéressant ou moins intéressant. C'est bien sûr l'art qui donne sa légitimité à l'exposition, alors que l'exposition, elle, institue l'art. Comme le disait une banderole en 69, « le pouvoir soutient la biennale, la biennale soutient le pouvoir ». D'ailleurs c'est aussi ce que font peut-être l'art et son exposition.

On parle d'oublier l'exposition, peut-être que c'est l'art qu'on devrait un peu oublier, justement pour que l'exposition puisse exister. L'exposition étant en dernière analyse une manière de regarder les choses, ce qu'est précisément l'art aujourd'hui.

Experiences d'exposition au Centre Pompidou

Alfred Pacquement

Je suis à cette table le seul à pouvoir revendiquer le double rôle de concepteur (ou comme on dit ici commissaire) et de producteur d'expositions, de par mes fonctions de conservateur et de directeur d'institutions culturelles. D'autres ici-même ont pu également en concevoir ponctuellement mais du fait de la mission que j'exerce, je ne cesse depuis plus de 30 ans de faire ou de faire faire des expositions. Je suis donc mal placé pour en apporter une analyse objective et critique ; bien placé sans doute par contre pour témoigner de leur mode de réalisation, et des données qui président à leur programmation. Je m'appuierai, sans surprise, sur l'histoire d'une institution culturelle, celle à laquelle j'appartiens aujourd'hui, le Centre Pompidou. Celui-ci a en effet marqué à sa manière l'histoire récente des expositions et j'aimerais donc me référer à son mode de programmation, à son approche de l'exposition, pour explorer un court moment la définition contemporaine de cet événement artistique et culturel. J'en viendrai tout particulièrement à quelques exemples récents d'expositions organisées par le Centre dans ses murs ou hors de ses murs, pour réfléchir avec vous aux paramètres de l'exposition, à en analyser quelques contraintes et quelques conséquences, à évoquer également, comme cela paraît inévitable lorsque l'on aborde cette thématique une sorte de typologie.

Le Centre Pompidou est en effet une institution qui s'est fait remarquer du public, et ce dès son ouverture, par les expositions qu'il a initiées, autant que par son architecture spectaculaire ou par les organismes qu'il a réunis dans un projet culturel (Musée, CCI, Bibliothèque, etc.). Dans la mémoire culturelle, ce sont les grandes expositions qui se sont ouvertes dans les premières années du Centre qui ont donné le tempo, en marquant l'originalité et la dynamique de cette initiative d'un genre nouveau. Les premières expositions du Centre étaient souvent de grands panoramas historiques jouant de la surabondance des œuvres rassemblées, qui plus est de très grande importance, de la cohabitation des disciplines, de l'ampleur des catalogues les accompagnant. Le Centre a lancé un genre qui depuis ne s'est pas vraiment démodé, qui a fait des petits à travers le monde, qui a connu des avatars de toutes sortes, du pire au meilleur. Le public, il est vrai, a répondu en masse à cette proposition nouvelle de lui donner à voir en un seul et riche condensé, autant d'œuvres, d'informations, de documents, de croisements interdisciplinaires. Cet appétit correspondait sans doute à une attente non encore rassasiée, au moins en France : celle de voir enfin mises au grand jour les avant-gardes du 20e siècle, d'aborder sans complexe les grands mouvements, les grands artistes qui ont fait le siècle, si peu montrés à Paris depuis la fin de la seconde guerre mondiale, si mal collectionnés par les Musées, en un mot si peu accessibles. C'était aussi bien sûr l'occasion pour le Musée national d'art moderne de rattraper beaucoup de temps perdu, tant du point de vue d'un regard rétrospectif plus exhaustif et nettement plus ambitieux sur le 20e siècle, que vis à vis de la création contemporaine jusque là par trop délaissée.

Il faut toujours se méfier des raccourcis historiques qui ont tendance à omettre des événements marquant enfouis peu à peu dans les oublis de l'histoire. A vrai dire une grande exposition au moins anticipe sur les manifestations qui feront la gloire du Centre Pompidou. Il s'agit des « Sources du 20e siècle », un très grand panorama conçu et organisé par Jean Cassou en 1960 sous l'égide du Conseil de l'Europe. Une exposition extraordinaire qui associe les faits historiques aux chefs d'œuvre de l'art moderne. On y entre par une bouche de métro d'Hector Guimard, on y découvre au fil des salles les Demoiselles d'Avignon de Picasso, l'Entrée du Christ à Bruxelles de James Ensor et bien d'autres chefs d'œuvres. Cassou déclarera plus tard qu'il « avait voulu des rappels synchroniques d'événements historiques, d'événements sociaux, d'événements artistiques autres que les arts plastiques… » Près de 20 années avant le Centre Pompidou le ton était ainsi donné d'expositions pluridisciplinaires et largement anthologiques, sans craindre d'épuiser le public par l'abondance des œuvres exposées, par la richesse documentaire. Et ce, il faut le dire même si leur propos était d'un autre ordre, dans la suite des expositions universelles qui avaient tant marqué la fin du

19e siècle et la première moitié du 20e et connaissaient alors leurs premiers signes d'affaiblissement. Le Centre Pompidou saura exploiter la veine disponible et la série des Paris-New York, Berlin, Moscou, Paris et autres Vienne marquera tellement l'histoire des grandes expositions et celle de l'institution qui les abrite que l'on ne saura plus les évoquer qu'avec nostalgie et que comme remontant à une époque révolue où étaient à la fois offertes la réunion de tant de chefs d'œuvres et leur découverte pour beaucoup de visiteurs. Une vision quelque peu sommaire et injuste si l'on considère, au delà de tout jugement critique, la suite de la programmation du Centre et par exemple la surabondance d'œuvres et de documents dans des expositions récentes comme les Années Pop ou la Révolution Surréaliste ayant elles aussi connu un grand succès public.

Sur la scène artistique contemporaine, l'exposition est un événement culturel jugé à l'aune de ses retombées médiatiques, de sa fréquentation, de son audimat comme on le dit aujourd'hui des audiences télévisuelles, au moins autant (en fait beaucoup plus) que de sa charge signifiante, de sa pertinence scientifique, de son innovation critique. Il n'est que de lire la plupart des comptes rendus de presse pour constater qu'ils ne font que bien rarement place, au delà de la biographie de l'artiste exposé, ou du descriptif plus ou moins fidèle du parcours, plus souvent sommaire et incomplet, à une véritable analyse critique de la manière dont est exposé ce que l'on a choisi de présenter (ie l'accrochage, la scénographie, le choix des œuvres, les articulations, les accompagnements documentaires ou transversaux). Sans omettre que le catalogue, qui a lui aussi été l'objet d'une radicale transformation, n'est que rarement évoqué dans ces mêmes commentaires alors qu'il constitue pourtant la plupart du temps un outil critique d'une ampleur inédite. Je peux témoigner que ce type de catalogue aujourd'hui bien accepté, si l'on en juge par leur succès éditorial et par l'attente qu'il suscite, est né dans la douleur et non sans une réelle hostilité de la part de ceux qui ne voyaient dans le catalogue que la seule nécessité d'une brochure illustrant l'exposition en reproduisant simplement les œuvres présentées. Et que la multiplicité de points de vues et d'essais critiques, qui est la loi du genre, s'oppose encore aujourd'hui à la pratique anglo-saxonne où le catalogue comprend généralement un unique et long essai ayant pour auteur le commissaire de l'exposition. Le Centre Pompidou a imprimé un style différent aux grandes manifestations culturelles, à leurs outils d'accompagnement, à leurs parti pris scénographiques : autant de données qui se sont aujourd'hui naturellement fondues dans la définition même de l'exposition et qui expliquent sans doute la relative difficulté pour le Centre de continuer d'imprimer une marque originale sur ses productions culturelles. Avec ce paradoxe qu'on voudrait qu'il poursuive sur sa lancée et selon la formule des premières années, tout en lui reprochant parfois de ne pas suffisamment innover par rapport à cette même formule.

De fait, l'exposition crée l'événement; elle attire le regard sur des œuvres connues ou méconnues; elle révèle une œuvre, un artiste, elle le fait découvrir sous un jour nouveau, inattendu, ou encore elle en montre les limites ou la faiblesse (ceci tout particulièrement pour l'exposition monographique), elle provoque des rencontres inattendues entre les artistes ou les genres (dans le contexte de l'exposition thématique), mais surtout elle va dominer la scène culturelle aux risques de l'œuvre elle-même, et souvent aux dépens du Musée qui rassemble les œuvres sous une forme plus pérenne, relativement stable, et ne modifiant pas, ou peu, le choix des œuvres exposées, ne se permettant pas les mêmes dialogues transdisciplinaires ou non chronologiques, d'où sans doute la transformation du Musée en espace d'exposition qui est un autre point que j'aimerais évoquer.

Il en est en effet des expositions comme des espèces dans le genre animal, ou végétal. Ils s'en créent de nouvelles formes régulièrement. Elles naissent, vivent et meurent. Elles prolifèrent en se reproduisant à plus ou moins grande vitesse. Et l'on a même pu inventer une certaine forme de clonage, un même embryon pouvant être reproduit de nombreuses fois. A la traditionnelle exposition monographique restituant le parcours de l'artiste de manière relativement exhaustive, ou en tout cas en en ayant la prétention, se substitue souvent aujourd'hui l'exposition qui n'aborde qu'une seule période, qu'un seul moment dans l'œuvre, manière d'explorer de façon plus approfondie la période en question et de ne pas refaire une énième fois, s'agissant des mêmes artistes, la même déclinaison, souvent affaiblie d'œuvres devenues indisponibles. Un exemple dont je suis l'initiateur consistait par exemple à ne conserver d'Ellsworth Kelly que ses années françaises et à mettre ainsi l'accent sur la genèse de son œuvre abstrait, une période essentielle et pourtant à peine abordée dans une rétrospective complète, et ce d'autant plus qu'un artiste en pleine activité a toujours le souci d'insister sur les œuvres les plus récentes.

Une variante thématique très en vogue consiste à détecter un thème traversant l'œuvre dans son entier. Ainsi récemment de « Picasso érotique », braquant le projecteur sur un caractère omniprésent de l'œuvre de Picasso selon une approche finalement assez tautologique, et dont le succès médiatique et public (pour de bonnes raisons ou peut-être moins bonnes ?) pourrait inciter certains producteurs d'exposition peu scrupuleux à exploiter le filon. On imagine ainsi le succès d'un Miro érotique, d'un Dali érotique, et de tant d'autres…

Autre formule très à la mode : le duo d'artistes. Deux expositions en ce moment à Paris en donnent la tonalité. Je veux bien sûr parler de Matisse-Picasso qui est un vrai dialogue tout à fait passionnant, et de Manet-Velazquez où il s'agit plutôt d'une juxtaposition au titre quelque peu trompeur puisque beaucoup d'autres peintres sont invités à ce rendez-vous. Chacun se souvient de l'immense événement que fut il y a quelques années l'exposition Braque-Picasso qui plongeait au cœur du Cubisme fondateur ; et tout récemment nous avons présenté au Centre Pompidou une telle exposition dialogue, Matisse-Kelly, consacrée aux dessins de plantes des deux artistes. Il semble que cette nouvelle espèce d'expositions (au sens botanique) n'en soit qu'à ses tout débuts d'après certaines annonces de programmes futurs dans quelques nobles institutions. Il est vrai qu'outre l'intérêt scientifique de ces rapprochements souvent inédits, et à cet égard Matisse-Picasso est un éclatant exemple d'une exposition faisant entièrement sens et permettant une lecture largement nouvelle de peintures archi-célèbres ; l'avantage de ces accouplements du point de vue de ceux qui les produisent, au sens des producteurs de cinéma qui investissent de l'argent dans des films, est de doubler les chances de succès de l'exposition par l'effet multiplicateur que représente l'impact de deux noms célèbres ici accolés (cf. cet été l'exposition Bacon-Van Gogh à Arles).

Je pourrais ainsi continuer à décliner une typologie. D'autres s'y sont brillamment essayés avant moi, comme Jean-Marc Poinsot ici présent dans son essai « Les grandes expositions : esquisse d'une typologie » publié dans les *Cahiers du Mnam.* J'indiquerais simplement que l'exposition thématique connaît aujourd'hui, du fait de la prolifération des institutions culturelles, d'innombrables redites, ressassements et autres variantes, depuis la thématique descriptive (l'animal a semblé très à la mode en cette année 2002) jusqu'à des thèmes ludiques, poétiques, historiques, théoriques ou savamment intellectuels.

Ce qui ne veut pas dire que certains essais particulièrement brillants et où l'exposition est littéralement la mise en œuvre d'une pensée conceptuelle ne sont pas stimulants bien évidemment. Je pense par exemple à l'Informe et à L'Empreinte, deux expositions présentées ici même et qui ont fait date.

Il faut ajouter, en ayant le souci de ces définitions des modes d'exposition, que l'espace où l'exposition est située, et qui participe bien entendu de sa signification, a connu au cours des années récentes toutes sortes de déplacement, depuis des lieux inattendus et incongrus (les égouts, l'appartement privé, la chambre d'hôtel, etc....) jusqu'à une nouvelle localisation dans le Musée lui-même (par exemple l'intervention de Paul-Armand Gette dans les toilettes du Mnam ou la série des *Migrateurs* conçue par Hans Ulrich Obrist au MAM de la Ville de Paris).

C'est donc bien souvent l'artiste qui force le Musée à repenser l'exposition en se déplaçant à l'extérieur de son espace traditionnel, de son cube blanc protecteur, pour investir un terrain nouveau : nous avons pu expérimenter au Centre Pompidou une telle situation avec Thomas Hirshhorn et son installation *Skulptur-Sortier-Station* dont les conditions d'exposition exigeaient de se déplacer dans la ville et en l'occurrence dans un quartier peu habitué à des interventions artistiques.

Ceci étant évoqué, je voudrais ici où il sera probablement question le plus souvent d'expositions thématiques, d'expositions-manifestes, voire d'expositions-« œuvres d'art » comme le sous-entend l'intitulé de l'ouvrage : *L'art contemporain et son exposition*, je voudrais donc prendre quelques instants la défense d'un genre toujours actif qui est celui de l'exposition monographique. Sa place même dans un programme a valeur signifiante. Le Centre Pompidou, toujours lui, a par exemple été inauguré avec une exposition de Marcel Duchamp, ce qui n'était certainement pas anodin dans un pays qui n'avait pas su reconnaître à sa juste place l'auteur du grand Verre pourtant salué par les artistes des années 60 comme la figure essentielle de son siècle. Et lorsqu'il s'était agi, toujours au moment de l'ouverture du Centre, de choisir l'artiste vivant le plus pertinent à l'égard des avancées récentes de l'art le nom de Gerhard Richter s'était alors imposé. Une exposition très radicale dominée par les chartes de couleurs, les monochromes gris et les sculptures de plaques de verre ainsi que par quelques peintures « historiques » réalistes. Le soi-disant oubli de Richter dans une récente exposition de peinture figurative présentée au Centre, ainsi que certains nous l'ont reproché en se référant à la récente exposition new-yorkaise qui célébrait Richter à sa juste place fondatrice, était donc assez cocasse pour ceux qui se souvenaient lui avoir donné il y a 25 ans, un quart de siècle avant le Moma de New York, une place majeure dans le programme du Musée. L'exposition monographique, qui représente en pourcentage la très large dominante des expositions de Musées, est généralement un moment de vérité particulièrement éclairant. Elle situe l'artiste à sa juste valeur, démontre la capacité des œuvres à résister à un large rassemblement, révèle des œuvres inédites ou méconnues, ou encore retrouvées et restaurées pour l'occasion, propose des confrontations jamais tentées ou remontant à l'époque où les œuvres se trouvaient encore dans l'atelier de l'artiste. Je pense pour ma part que cette formule apparemment simple qui consiste en une sorte de mise à nu, subjective et critique, d'une œuvre est une avancée considérable dans l'histoire de l'art, et qu'en dépit de toutes sortes de pressions pour privilégier des thèmes plus « glamour » le Musée doit rester attaché à cette mission essentielle de découverte ou de redécouverte de l'œuvre d'un artiste dans son entier. D'ailleurs, à la suite de Duchamp ce sont peu ou prou la plupart des grandes figures du siècle qui ont donné lieu à une exposition anthologique au sein du Centre Pompidou (Malevitch, Matisse, Kandinsky, Magritte, Chirico, Pollock, Klein et tant d'autres), fondant ainsi un véritable programme pluri-annuel d'affirmation de la modernité.

Il est vrai que la scène contemporaine pervertit quelque peu cette démarche de l'exposition monographique dans la mesure où nombre d'artistes d'aujourd'hui investissent l'espace, proposent en réaction à celui-ci une sorte de mise en scène de leurs travaux et souvent de travaux complètement inédits expérimentés pour la première fois dans l'espace du Musée. Un artiste vivant et en pleine activité qui ne se servirait pas de son exposition pour dévoiler des œuvres nouvelles décevrait l'attente. Et il attendra du Musée qu'il tienne le rôle de « producteur » des œuvres en question. Le Musée dès lors perd une assez large part de ses capacités critiques dans la lecture personnelle d'une œuvre pour se transformer en producteur d'un scénario dont il n'a pas toujours assuré la maîtrise et où il agit certes dans le dialogue avec l'artiste, mais sans toujours peser de tout son poids sur sa version finale.

La toute récente exposition de Daniel Buren, intitulée *Le Musée qui n'existait pas* a posé avec acuité la question de l'exposition d'un artiste donné, Buren, qui a pour principe de subvertir les espaces qu'il investit, et la force de résistance de l'institution culturelle pour se plier aux directives de l'artiste tout en lui livrant ses propres contraintes. L'intérêt de cette exposition était qu'elle offrait à un artiste emblématique de la création artistique en France depuis 35 ans, à l'artiste français le plus célèbre en France et à l'étranger, l'occasion d'une exposition anthologique (c'était en tout cas le vœu de l'institution) dans l'espace noble du dernier étage où se sont précédemment déroulées toutes les manifestations qui ont fait la réputation culturelle du Centre Pompidou et auxquelles on a fait allusion précédemment. Mais l'espace du dernier étage qui avait d'ailleurs dans la disposition différente, précédant les travaux, parfois fait l'objet s'agissant de monographies, d'un découpage en deux parties inégales, a, depuis la réouverture du Centre en janvier 2000, été restructuré en trois volumes de 2000, 900 et 200 m^2. Buren s'étant vu offrir les deux « petits » espaces totalisant 1 100 m^2 ne pouvait guère déployer sur cette surface beaucoup plus qu'une installation *in situ* comme il le fait généralement, ou qu'un choix d'œuvres antérieures nécessairement limité par l'espace restreint mis à sa disposition, et ce d'autant plus que ses œuvres sont généralement de grandes dimensions. (Entendons-nous : je ne suis pas en train de m'auto-flageller en critiquant une décision parfaitement assumée par le directeur du Musée que je suis d'un espace limité pour l'artiste très gourmand en surface qu'est Buren. Cette proposition était ni plus ni moins cohérente avec l'ensemble de la programmation du Centre. Je constate simplement qu'il y avait un décalage entre la proposition initiale, une « grande » rétrospective, et l'espace offert à l'artiste). Selon une approche très empirique de cette situation spatio-culturelle, Buren a su ouvrir l'espace disponible par toutes sortes d'empiètements sur les espaces publics qui n'étaient pas *a priori* offerts à son exposition mais étaient par définition disponibles puisqu'ils sont situés hors de cette zone quelque peu sacralisée qui est celle de l'exposition, zone à laquelle on accède en acquittant un billet d'entrée. Il a ainsi étendu l'espace d'exposition aux circulations qui l'environnent, dans la logique structurelle de son projet en damier alternant les « vides » et les « pleins ». De cette façon Buren a envahi la totalité de l'espace disponible du niveau 6, ce qui ne s'était jamais fait avant lui, en doublant pratiquement les dimensions de son exposition. Il a même pris en compte, toujours selon le même système d'intervention spatiale, le vide de la terrasse de l'étage inférieur, ainsi que l'espace du restaurant qui jouxte celui de l'exposition. De plus, il a littéralement occupé le Centre dans son entier, en investissant toutes sortes d'espaces de circulation : les escalators, le forum ; des zones alors délaissées, le sous-sol, qu'il a transformé en parking. Enfin le Musée a installé deux pièces de sa collection à l'occasion de cette exposition : « les couleurs-sculpture » sur les toits de Paris, et « les couleurs-peinture » dans la collection permanente ; deux pièces qui se sont naturellement intégrées à l'ensemble de cette proposition d'exposition.

Buren a ainsi, ce qui ne surprendra personne quand on connaît son mode d'occupation des espaces, bousculé tout à la fois l'institution culturelle qui l'invitait à exposer son travail, et la notion même d'exposition muséale. Poussant dans ses retranchements la machine culturelle du Centre, la mettant en face de ses facultés de transformation des espaces (induite dans son architecture mais rarement exploitées et souvent contrariées par la logique de production et les contraintes budgétaires), soulignant certains vides d'occupation de ces mêmes espaces, Buren a en quelque sorte forcé le Centre à s'adapter à une proposition extrême. Il faut ajouter que, même si cela n'a pas été simple et a demandé de multiples interventions et de nombreuses astuces administratives, le Centre a su répondre aussi complètement que possible à cette démarche inédite et à mon avis sans précédent, au moins dans un musée de la dimension du Centre Pompidou. A l'inverse, Buren a su malgré tout répondre à la demande institutionnelle initiale puisqu'il a intégré dans son exposition des souvenirs d'œuvres antérieures (par le biais du film), ou encore un extrait d'une pièce existante, les palissades graffitées des Deux Plateaux.

Quant à la relecture de l'exposition, on peut la résumer dans cette formule choisie par Buren comme titre de son intervention : *Le Musée qui n'existait pas*.

Un autre exemple que je voudrais brièvement évoquer, et que par contre beaucoup d'entre vous, contrairement à l'exposition Buren, n'avez pu voir, est l'exposition *Parade* organisée par le Centre Pompidou à Sao Paulo à l'automne 2001. Ici la commande était résolument différente puisqu'il s'agissait tout à la fois d'afficher la richesse patrimoniale de nos collections, d'occuper un espace immense et extrêmement peu muséal, l'OCA, immense igloo conçu par Oscar Niemeyer, et enfin d'intervenir dans un contexte culturel très différent, la grande mégapole de Sao Paulo au Brésil.

Le premier enjeu étant de donner à voir nos collections, Laurent Le Bon, conservateur chargé de réaliser ce projet, a proposé d'accomplir dans le contexte de cette exposition une complète traversée du siècle à partir de 1901 et jusqu'en 2000. A chaque année correspondait une œuvre d'un artiste choisi, parfois mais rarement un petit ensemble autour de l'artiste, et ce en puisant dans les collections du Musée, tout en maintenant en état l'accrochage permanent de la collection tel qu'il est présenté au public sur deux étages du Centre Pompidou. Ce sont donc très largement les œuvres disponibles dans les réserves qui ont été mises à contribution pour un parcours extrêmement dynamique s'ouvrant avec le masque Fang que possédait Derain, symboliquement daté de 1901, se terminant avec le projet pour le Musée du Quai Branly de Jean Nouvel, et traversant ainsi le siècle avec la plupart des grands noms de l'art en France jusqu'à un choix d'artistes contemporains. L'immensité de l'espace avait permis de sortir des œuvres de très grand format rarement montrées : le rideau de Parade de Picasso de 1917, donnant soin nom à l'exposition, quelques grandes compositions murales de Delaunay pour l'exposition de 1937, ou encore *L'Enfer* de Tinguely et les 602 dessins de Vincent Corpet pour *Les 120 Journées de Sodome*, autant d'œuvres que le Musée dans son architecture actuelle ne peut pas montrer, au moins les premières citées.

Autre caractéristique de l'exposition, à l'image de nos collections et de la doctrine du Centre, aucune discipline ou presque n'y échappait : le design, l'architecture, la photographie bien entendu, mais aussi le cinéma avec des salles, à leur place dans la chronologie, présentant *Le Voyage dans la lune*, *Un chien andalou* ou *Un chant d'amour* (Genet). En l'occurrence de vraies projections dans de vraies salles et non des reproductions sur mini-écrans. La musique était également présente dans sa relation avec l'histoire du Centre, et ce avec l'écoute, dans une chambre sourde, de *Répons* de Pierre Boulez. La littérature enfin, intégrée cette fois au catalogue, puisqu'à chaque œuvre reproduite correspondant à une année du siècle, répondait un extrait littéraire choisi à l'aveugle et sans autre relation que chronologique avec l'œuvre lui faisant face.

Cette exposition avait le mérite d'installer un parcours contraignant, très spectaculaire, presque festif au pays du carnaval et de la samba. Il proposait qu'une très grande exposition anthologique, dans un espace immense (10 000 m^2), puisse se traduire comme une scénographie activée et rythmée, plutôt que comme une accumulation de chefs d'œuvre forçant le respect du visiteur mais le menaçant d'épuisement. Des chefs d'œuvre, il y en avait bien sûr, et de très importants, mais le nombre total d'œuvres exposées (234) était relativement modeste pour une exposition de cette ampleur. Les variantes dans la scénographie, les changements de rythme, le refus du « White Cube », les espaces ouverts multipliant les points de vue et les perspectives, la juxtaposition de disciplines et d'approches différentes, la fusion du parcours à l'architecture de courbes et de pentes douces imaginée par Niemeyer, tous ces éléments contribuaient à faire de Parade une exposition d'un genre nouveau. Cette traversée du siècle avait les qualités interactives que l'on peut appréhender dans les expériences multimédia, se différenciant ainsi des expositions encyclopédiques, quelque peu lourdes et fatiguées, qui ont fait florès dans les décennies précédentes.

Ceci est une bonne transition pour évoquer pour finir la tendance des accrochages d'une collection permanente à se transformer ou se travestir en exposition.

Ainsi que l'on a pu le constater depuis quelque temps, et les expériences se sont ainsi multipliées, le Musée (en tant que collection permanente) a de plus en plus tendance à échapper au mode figé d'une présentation définitive, au profit de la multiplication et de la succession d'accrochages très différenciés. La Tate Modern à son ouverture a fait couler beaucoup d'encre par un mode de regroupement décalqué sur les genres de l'art académique et rompant avec le respect de la chronologie. Pendant une année, le Moma s'est transformé en une sorte de laboratoire d'expositions puisant dans ses immenses richesses pour regrouper sous forme thématique, parfois monographique, les collections du Musée. L'exercice s'est reproduit à trois reprises au cours de l'an 2000. Enfin, le Kunstpalast de Düsseldorf a vu sa collection confiée à deux artistes qui ont eu libre choix d'accrocher les œuvres selon des regroupements et un parcours bien peu conforme aux habitudes de l'histoire de l'art et des critères esthétiques qui président en principe aux accrochages des Musées. (Le Musée, c'est son rôle à mon avis, établit des hiérarchies qui guident le public. Pour le dire crûment, il va sauf exception justifiée maintenir en réserve les œuvres accumulées par le temps mais ayant perdu toute pertinence. Les responsables de Düsseldorf ont adopté, c'est le moins qu'on puisse dire, un parti-pris inverse).

Le Centre Pompidou a d'emblée pensé le Musée comme ouvert et mobile. Il s'est donc présenté au public avec une collection permanente susceptible de modifications régulières dans son accrochage. (Contrairement par exemple au Moma qui a toujours montré un même parcours absolument rigide dans la modernité et la même séparation entre les disciplines). Le Mnam a également proposé des accrochages thématiques et non chronologiques (*Manifeste*, *Made in France*) qui transformaient le Musée en exposition temporaire. Actuellement, le principe même de notre usage de la collection est d'associer les deux propos, celui de l'exposition temporaire et renouvelée, celui de l'accrochage plus ou moins permanent des « chefs d'œuvre » de la collection. Ceci nous conduit désormais à renouveler à un rythme à peu près annuel à renouveler la présentation de la partie contemporaine du Musée (le premier niveau) ainsi que nous y procédons actuellement et dans ce cas ce sont 80, 90%, des œuvres qui vont être différentes de l'accrochage précédent. Mais également de la partie historique en limitant bien entendu à une proportion moindre les œuvres renouvelées. Le musée est ainsi vécu par nos visiteurs et par nous-mêmes comme un champ permanent d'expositions, avec sans doute d'autres enjeux et d'autres contraintes. Il manifeste la volonté d'affirmer l'œuvre d'art comme expérience, et l'exposition comme champ d'investigation de cette expérience.

UN CINÉMA FIGURAL ?

Dominique Païni

Les notes suivantes constituent un résumé volontairement très condensé de l'intervention. Celle-ci fait l'objet d'un développement dans un article paru dans la revue Artpress *n°287.*

Devant une projection installée dans un musée, le visiteur n'a pas l'obligation d'une vision bloquée telle que celle du spectateur ordinaire de cinéma. Il bouge et se promenant il *élargit* sa vision de l'image à la mesure de sa plus ou moins grande proximité de l'écran. De véritables travellings avant ou arrière sont opérés par le visiteur-spectateur lui-même et se conjuguent avec les mouvements internes de l'image projetée.

Si le cinéma a commencé son histoire de cette manière – des projections qui n'assignaient pas de place immobile au spectateur dans les expositions universelles du début de siècle par exemple – il contraignit en revanche durant près de 80 ans à un dispositif théâtral. Les premières salles de cinéma apparues vers 1907-1908 après la période foraine, période qui offrait encore une relative instabilité au spectateur, se nommaient des théâtres cinématographiques.

C'est ce qui fait retour depuis une vingtaine d'années environ et de manière insistante dans les musées et les expositions d'art contemporain : un spectateur primitif *revient*, ayant survécu au dispositif contraignant du spectacle cinématographique ; un spectateur mobile doté d'une vision variable de la grandeur de l'écran et enclin non pas à se confondre avec l'existence fictionnelle de personnages ou à se fondre illusoirement dans l'espace d'un décor, mais à entrer dans l'image.

Le *cinéma exposé* rivalise avec la plasticité picturale grâce à la possibilité désormais interminable de la projection par boucles répétitives permise par le disque numérique.

Plutôt qu'exposé, on pourrait qualifier ce cinéma, en détournant Jean François Lyotard, de *figural*. C'est à dire un cinéma qui, pour reprendre les mots de Lyotard, est non interprétable mais seulement traversable. En effet, la caractéristique du plus grand nombre de séquences d'images en mouvement projetées aujourd'hui au sein d'un parcours muséal, véritables films courts qui pourraient être aussi bien projetés dans des salles de cinéma traditionnelles, relève fréquemment d'un enchaînement dramaturgique singulier, d'une logique représentationnelle dérangée – mini-récits inachevés, fictions sans clôture narrative – qui diffèrent, qui suspendent l'interprétation et l'identification. Alors que, paradoxalement, une telle installation de ces images favorise plutôt l'intégration, l'absorption, l'aspiration environnementale du spectateur. Quelque chose affronte et invite à la fois à *traverser* les images, y compris des œuvres conçues en référence au cinéma et à ses conventions, par des artistes dont on sait la fascination pour l'univers cinématographique et sa puissance hypnotique et identificatrice.

Mais qu'est-ce qui accentue dans l'installation de ces images mouvantes exposées, cet effet d'absorption plutôt que de représentation ?

En premier lieu, je l'ai déjà dit, la proximité de l'écran et celle d'images en mouvement, qui s'exposent à être traversées parce que tellement proches. L'envie du visiteur-spectateur de traverser les images s'accroît, *s'élargit*. Et cet effet d'aspiration fait découvrir, expérimenter la composante *poussiéreuse* des images en mouvement. Qu'elles soient filmiques ou vidéographiques, c'est de la poussière agitée, fébrile, d'infinis atomes vibratoires que révèle le fond de l'image quand le visiteur-spectateur s'en approche. L'incarnat de l'image en mouvement c'est de la poussière. Entrer dans l'image en mouvement est une illusion d'entrer dans une poussière scintillante dont les reflets moléculaires réalisent la métamorphose des lignes, réalisent le mouvement, « déplacent les lignes » selon l'expression de Baudelaire.

Ce qui l'emporte dans la perception du visiteur-spectateur, c'est cette agitation infinitésimale du fond de l'image, matérialisant en fait la durée qui s'écoule, le temps qui s'accomplit. On pourrait alors faire l'hypothèse que le film *exposé* entame pour une part la nature d'*objet temporel* qui qualifie le film.

Qu'est ce que la nature d'objet temporel d'un film ? Dans un livre récent[1], Bernard Stiegler remarque que pendant la projection d'un film le temps de notre conscience passe totalement dans le temps des images en mouvement, liées entre elles par des bruits, des sons, des paroles et des voix. Une certaine durée de notre vie se passent ainsi hors de notre vie réelle, dans une vie ou dans des vies de personnages, réels ou fictifs, dont nous épousons le temps, dont *nous adoptons* les événements qui nous arrivent *comme* ils leur arrivent. La présentation d'images en mouvement à des spectateurs mobiles, visiteurs libérés de la captivité du théâtre cinématographique, met sous tension cette coïncidence entre l'objet temporel qu'est un film et la conscience du spectateur dont la structure est de part en part cinématographique.

Aussi, ai-je le sentiment que ces deux phénomènes – la mobilité du spectateur et la révélation de la pulvérulence de l'image – jouent avec le caractère d'objet temporel des images en mouvement. Car quelle que soit la lucidité des artistes sur les effets de leur médium, l'installation d'une projection d'images en mouvement est toujours une mise sous tension d'un continuum d'images qui tend à épouser le flux de la conscience, flux contrarié par la flânerie aléatoire du visiteur-spectateur. C'est ce qui explique pour une grande part que les installations d'images en mouvement soient en définitive si captivantes aujourd'hui dans un contexte anthropologique vécu comme « soumission aux images » et qu'elles ont la faveur de nombreux artistes contemporains au delà d'un éphémère effet de mode. Moins qu'une question posée à l'espace, il s'agit pour ces derniers d'inquiéter à travers ce temps exposé qu'est le *cinéma figural*, l'écoulement de la conscience, conscience confondue, enroulée, capturée par le flux des images.

---

[1]*La technique et le temps, le temps du cinéma et la question du mal être*, Galilée, 2001.

Malaise dans l'exposition ou L'exposition en mal d'histoire

Catherine Perret

Il y a aujourd'hui devant l'inflation et l'institution- nalisation du phénomène de l'« exposition-d'art-contemporain », un sentiment de malaise qui pousse à interroger la légitimité et le sens de telles manifestations. L'hypothèse de cette brève présentation est que rien ne vient mieux faire symptôme de la cause du mal que la dénomination même d'« art contemporain ». Si l'« exposition-d'art-contemporain » et l'exposition tout court est malade de quelque chose, c'est, me semble-t-il, de l'idée du contemporain, de l'idée que quelque chose comme la contemporanéité de l'art à soi-même ou à son époque soit seulement concevable. Ce qu'on appelle dans le langage des technologies de l'information et de la communication le « temps réel », autrement dit le présent absolu, sera ainsi au cœur des remarques que je proposerai : six propositions, dont la conjonction voudrait esquisser une petite généalogie de ce malaise dans l'exposition, depuis l'identification de la forme-marchandise et de la forme-art qui apparaît avec la modernité jusqu'à la dissipation de cette forme-art liée à l'introduction du cyberparadigme.

♦ L'art contemporain *et* son exposition

A lui seul, le titre de ce colloque est déjà une hypothèse de travail. Il présuppose une séparation, non pas entre l'art et l'exposition en tant que tels (pour aller vite, il n'est pas d'art qui ne s'expose et qui ne soit donc exposé), mais entre deux discours : le discours de et sur l'art, et le discours sur et de l'exposition. L'exposition possède en effet aujourd'hui le statut de ce que Michel Foucault aurait appelé un « discours » ou un « savoir »[1], sous la forme d'un territoire académique spécifique : institutions artistiques et culturelles, spécialistes, professionnels, et désormais formations universitaires mettant en place le cadre de ce qu'on appelle « pratiques curatoriales », « médiation culturelle », « métiers de l'exposition », etc. Un « objet » donc est apparu récemment dans le champ des pratiques discursives. Cet objet fait-il époque ? Signe indicatif d'une périodisation

[1]Michel Foucault : *L'archéologie du savoir*, Paris, Gallimard, 1969.

nouvelle de la modernité ? Emergence d'une post-modernité ? L'hypothèse proposée par le « et » de ce titre est que la séparation héritée de la modernité entre la revendication d'autonomie de l'art d'un côté et la constitution progressive de l'exposition en activité spécifique de l'autre serait encore à l'ordre du jour. Et que nous ne nous serions toujours pas remis de la double invention autour de 1790 du concept de génie (dans la Critique kantienne de la faculté de juger) et de l'institution du Musée (lors de la Révolution Française). Nous ne serions toujours pas libérés de la manière dont se sont dressés alors les deux pans d'un même imaginaire, la Nature dans le rôle du Génie et l'Histoire dans celui du Musée.

Comment ne pas voir en effet que le fantasme moderne qui clive la pratique artistique de ses conditions réelles de réception a institué la survivance de l'art dans une forme-art abstraite dont l'exposition comme mode de distribution autonome est à la fois la mise en scène et la mise à l'encan ? Il y a bien longtemps que ce rapport en miroir entre la vacuité de l'art en tant qu'art et l'obscénité de l'exposition réduite au design a été analysé et dénoncé. Il y a bien longtemps aussi que l'exposition est devenue un medium artistique à part entière. Et que les artistes, les commissaires, les institutions s'essaient à produire quelque chose comme un « au-delà du spectacle »[2]. Commissaires qui cherchent à faire œuvre, artistes qui endossent le rôle de commissaires, expositions qui parodient le marché, ou qui se transforment en forums d'informations et de discussion... Est-on pour autant sorti du *double-bind* de cette problématique moderne ? Je ne le pense pas, parce qu'en elle quelque chose continue de résister et de se faire entendre qui est précisément la représentation de l'Histoire comme Nature dont l'idée du contemporain (la présence du présent à soi-même) est la pure et simple inversion.

---

[2]Titre d'une exposition présentée au Centre Pompidou en 2001.

♦ Exposer/Fictionner

L'enjeu symbolique de l'exposition est la possibilité ou l'impossibilité pour l'art d'être à la fois donné à la société, puis reçu et rendu par elle. L'exposition n'est donc jamais simplement la mise en place d'une circulation entre des « objets-à-exposer » qui fasse voir une histoire, une esthétique, une question de société ou quelque thème que l'on voudra. L'exposition construit la possibilité ou inversement l'impossibilité d'un échange entre des sujets. Et par cette alternative, je tiens à marquer qu'elle peut positivement interdire cet échange comme elle peut le fonder.

L'exposition constitue (ou ne constitue pas) la condition pour que ces sujets puissent s'appréhender comme membres d'une même société. Elle peut ainsi ou non fonder un espace où ait lieu, comme le dit Marcel Mauss, « cet instant fugitif où la société prend, où les hommes prennent conscience sentimentale d'eux-mêmes, et de leur situation vis-à-vis d'autrui »[3]. Symbolique, ce lieu commun ne se confond ni avec le support matériel de l'exposition, ni avec l'institution qui lui sert de cadre juridique, ni avec le public auquel elle cherche à s'adresser suivant les préceptes d'une sociologie ou d'une sémiologie bien comprises. Ce lieu commun est, comme le dit Marcel Mauss, une représentation collective, ce qui fait qu'à l'instant *t*, les individus peuvent se représenter leur destin dans ce qu'il a de singulier sous les espèces d'un même récit et se souvenir ou agir ensemble. Ce qui d'ailleurs la plupart du temps veut dire se souvenir ou agir les uns contre les autres. Ce récit n'est donc pas l'Histoire avec un grand H (dont savons depuis au moins Walter Benjamin qu'elle est toujours l'histoire des vainqueurs). Ce récit est la fiction qui articule le conflit d'interprétations que l'idéologie tâche à dissoudre sous le nom unique d'Histoire. Il est la fiction qui sert de scène

[3]Marcel Mauss : *Essai sur le don*, in *Sociologie et Anthropologie*, éditions PUF/Quadrige, Paris, p.275.

imaginaire aux visions contradictoires de l'histoire au temps *t*. Par exemple La Révolution, la Guerre Froide, la Mondialisation ou encore, pour revenir à notre pré-carré, L'Art Contemporain.

♦ La forme-art

Quatremère de Quincy l'a noté le premier dans ses *Lettres à Miranda*, l'exposition est valorisation. C'est un dispositif matériel qui constitue, entretient, voire restaure ce qu'elle met en partage. Mais c'est aussi bien un dispositif discursif (moral, politique, historique, culturel) qui inscrit non pas des choses, mais des valeurs, autrement dit des objets qui, bien que différents, sont supposés comparables, comme si tous constituaient autant de valeurs relatives par rapport à un même équivalent : comme si tous s'exprimaient et s'exposaient dans ce que Marx appelle la même « forme de la valeur ». Cette forme de la valeur se donne dans le champ de l'art sous les espèces invisibles d' une seule et même forme de la comparabilité de ce qui est exposé. Avant même d'exposer quoi que ce soit, l'exposition expose donc un équivalent abstrait qu'en référence au concept de forme de la valeur, j'appelle la forme-art. Ou pour le dire autrement : préalablement à l'exposition dans l'espace-temps réel, il y a une première exposition, un degré zéro de l'exposition, l'exposition par cette forme-art abstraite. La célèbre *Brioche* de Chardin contemplée par Diderot dans un Salon de peinture autour de 1760, admirée par Proust au Louvre au début du 20e siècle, ou regardée par nous en l'an 2000 au Grand Palais dans une mise en scène de Richard Peduzzi n'est pas le même tableau, dans la mesure où la forme-art sous laquelle le tableau est présenté (mis en rapport ou en contraste) n'est pas la même.

Cette forme de la valeur, qui se charge en quelque sorte la première de l'exposition, change en fonction de la structure de la production d'une société donnée, autrement dit en fonction des rapports entre les agents et les instruments de la production. On peut en donner un exemple extraordinairement simplifié[4] : avant la Renaissance, en Europe du moins, la forme-art est constituée avant tout par les objets de la production. Ce qui traduit les œuvres les unes dans les autres, et qui déjà les expose ensemble, indépendamment de ce qu'elles « sont », c'est la valeur des matériaux que leur fabrication comporte. Puis cette forme-art devient fonction de l'agent direct de la production, c'est-à-dire du peintre, dont l'art prend le pas sur les moyens matériels de sa production. L'on commence à commenter son habileté, autrement dit à admirer les marques formelles de son travail là où l'on voyait d'abord un objet précieux, témoignant de la richesse et du pouvoir de son commanditaire.

Comme l'ont montré Louis Althusser puis Fredric Jameson[5], les structures de production ne se succèdent pas comme autant d'étapes historiques, mais se sédimentent et s'agencent en dispositifs où coexistent des modes de production apparus successivement. De même, les formes de la valeur s'entrelacent et produisent dans le cas de l'art des modalités toujours plus complexes de la forme-art. Si l'urinoir de Duchamp peut figurer aujourd'hui dans n'importe quelle exposition, là où il était inexposable en 1917, ce n'est pas que nos idées soient plus larges, c'est qu'en 1917 le readymade n'était pas présentable dans la forme-art dans laquelle le cubisme pouvait en revanche s'exprimer. Alors que cinquante ans plus tard, l'intégration du paradigme industriel à la production en général et à la production artistique en particulier permettait de voir « un Rembrandt comme une table à repasser »[6] et donc, pourquoi pas, un urinoir comme un monochrome.

---

[4]Cf. Michael Baxandall dans *L'œil du Quatroccento*, éditions Gallimard, Paris.

[5]On se rapportera ici aux analyses bien connues de Louis Althusser ou de Fredric Jameson ainsi qu'au commentaire d'Althusser par Jameson in *The political unconscious*, Cornell University Press, New-York.

[6]Marcel Duchamp in *Duchamp Dusigne*, éditions Champs Flammarion, Paris, p.49.

♦ Exposer/Traduire

La forme-art est le code, invisible comme tel et la plupart du temps inconscient, dans lequel des choses différentes peuvent s'exprimer ensemble et par conséquent s'entre-exprimer à une époque donnée. Ce code, on vient de le voir, est lui-même issu d'un entrelacs de codes historiques, exactement comme une langue naturelle conserve également vivants en elle les différents états de son histoire. De même que la langue est parlée, c'est-à-dire toujours retraduite en elle-même, et en ce sens profondément historique, la forme-art est recomposée et réarticulée à chaque fois qu'il est question d'exposer. Et de même que la langue nie son historicité en se disant « naturelle », la forme-art se donne d'emblée comme naturelle : elle efface l'opération de transcodage qui le constitue et l'anime. Cet effacement du transcodage dans le code, ou de la sédimentation historique dans ce qui se donne comme « la » forme-art, est le donné ou le matériau dont doit partir l'exposition à la puissance deux, l'exposition concrète qu'opère l'artiste, le conservateur ou le commissaire. Un matériau ou un donné dont ils ont pour tâche à la fois de démasquer l'évidence et d'opérer le décryptage.

Considérée de ce point de vue, l'exposition consiste ainsi d'abord dans la représentation d'une opération de traduction que dissimule l'évidence du fait : le soi-disant fait de l'œuvre, de ce qui serait simplement « donné à voir » comme on dit, ou encore le miracle de ce qui « fonctionne » ensemble. Contre la pseudo-réalité de l'objet-dit-d'art, à l'encontre de l'émerveillement factice devant ce qui « colle » si bien, l'exposition doit exposer la fiction qui permet de voir non pas cette chose telle qu'elle est mais ces choses ensemble, telles qu'elles en sont venues à sembler parler la même langue, autrement dit ces choses telles qu'elles ont aujourd'hui à voir les unes avec les autres, les unes contre les autres. En tant que protagonistes d'un récit en cours d'élaboration et de discussion.

A travers la rétrospective qui lui a été ici même consacrée, Daniel Buren a récemment fait une démonstration qui me semble pouvoir nourrir cette perspective. *Le Musée qui n'existait pas*[7] montrait d'une part la complexité du code c'est-à-dire qu'une même œuvre s'expose aujourd'hui dans une langue qui croise le code somptuaire du décor, le code fétichiste du tableau, le code moderniste de l'ergonomie environnementale et le code néo-capitaliste de l'information. Cette exposition montrait donc la sédimentation des codes dans le code. Mais elle présentait d'autre part et surtout le caractère diabolique d'une traductibilité parfaitement rôdée entre ces codes, d'une traduction tellement efficace, tellement invisible, que les spectateurs en venaient à prendre les miroirs pour des ouvertures de portes, et inversement. Dans ce labyrinthe où les regardeurs sidérés cherchaient leur image là où ils ne pouvaient pas la trouver, je suis ainsi passée un jour où un visiteur, croyant traverser un seuil, s'était pris un miroir en pleine figure, et où l'on pouvait encore contempler le miroir éclaboussé de son sang… L'exposition conçue par Daniel Buren indiquait alors comment le transcodage peut être tellement parfait, que le réel soudain saute à la figure, comment le glacis peut devenir tellement lisse que le regardeur médusé s'y casse le nez. Réversion du symbolique dans le réel par saturation idéologique : tel était finalement le constat historique, passablement baudrillardien ou apocalyptique, de cette présentation si apparemment réconciliée.

Voir les choses telles qu'elles ont à voir les unes contre les autres, et telles qu'elles formulent dans des codes historiques datés les conflits qui nous opposent aujourd'hui : tel est aujourd'hui l'enjeu de l'exposition. J'ai vu en 2001 au CAN de Neufchatel une remarquable exposition présentée par Olivier Mosset de trois artistes des années 60 : Carl André, Niele Toroni et Allan Charlton. Trois artistes parlant le même code historique, la même radicalité, la même tautologie du medium. Ce qui était exposé cependant

---

[7]Titre de la dernière exposition de Daniel Buren (2002) au Centre Pompidou.

était moins cette proximité historique que le différend entre trois intelligences de cette radicalité. Le regardeur se trouvait ainsi confronté à la complexité de son propre rapport à ce qui fut la phase ultime de la modernité héroïque. Il ne pouvait pas ne pas être partagé entre des valeurs concurrentes incarnées simultanément par le matérialisme austère des monochromes de Charlton, par l'élégance logique des interventions de Toroni et par le maniérisme/nihilisme de l'installation de Carl Andre. Pris dans un conflit d'interprétations, il était devenu, fût-ce à son insu, le protagoniste de l'histoire en train de se faire.

♦ Cyberparadigme

La part apparente de la cybernétique dans la production artistique actuelle est restreinte. Sa part réelle est incalculable. A la fois parce que les cyberartistes récusent toute appartenance au champ artistique traditionnel, fût-il contemporain, et se pensent davantage comme une alternative que comme une concurrence. Et surtout parce qu'il suffit d'un cyberartiste pour qu'aucune œuvre ne puisse plus se sentir « immunisée » contre la « contamination » de la forme-art qui s'est imposée avec les années 80 (ces termes font ici bien sûr référence à la cyberlangue). Aujourd'hui, la question, pour paraphraser Benjamin, n'est pas de savoir si le cyberart est un art, mais ce que devient l'art en tant que cyberart. Autrement dit dans la forme-art réarticulée à partir de l'introduction des technologies informatiques et surtout interactives dans le système de la production. (Par cybernétique j'entends strictement la mise en réseaux d'informations numérisées.)

Je ne chercherai évidemment pas à définir cette transformation de la structure de production. Il est néanmoins possible de la caractériser à partir de deux traits. Il y a tout d'abord l'extension du concept de production qui promeut l'interaction par rapport à la création. Puis la modification du concept de produit qui ne se définit plus tant comme marchandise que comme contexte. Il ne s'agit désormais plus de conquérir le marché mais de le produire.

La finalité du système cependant est intacte (et toujours aussi irrationnelle) : accroître la masse de la valeur par la vitesse de sa circulation. Et avec l'introduction de la numérisation, la méthode reste au fond la même : la calculabilité.

Les rapports de production en revanche ne sont plus pensables dans les termes proposés par Marx : la distinction entre agents et instruments de la production devient inopérante dès lors que l'interactivité suppose une transformation radicale du rapport de l'homme et de la machine. Dans les systèmes en réseaux, l'homme n'utilise pas la machine, il lui parle comme d'ailleurs la machine se parle à elle-même en passant d'un système à un autre. Ce qui disparaît dans cette nouvelle forme de transaction entre homme et machine est la notion de médiation. Comme le disait Mac Luhan : « Le contenu d'un medium est toujours un autre medium »[8]. Il n'y a plus médiation entre l'auteur d'un énoncé et son destinataire à travers un medium qui transmet cet énoncé en l'altérant plus ou moins, mais « il y a, dit Edmond Couchot, commutation directe entre un récepteur devenu émetteur, un émetteur devenu récepteur et un énoncé flottant qui à son tour émet et reçoit »[9]. L'émission et la réception s'identifient dans le work in progress de l'énoncé. Cette co-présence de l'émetteur et du récepteur dans l'indétermination illimitée du sens est ce qu'on appelle « le temps réel », ce temps où comme l'affirme encore Edmond Couchot « le sens c'est ce qui change »[10], autrement dit ce qui ne s'échange pas. Le concept même du medium cybernétique exclut ces deux éléments constitutifs de l'échange symbolique que sont d'une part le temps imaginaire, celui sur lequel on spécule pour donner, recevoir et rendre, et d'autre part le rite ou encore le code dont l'échange n'est pas le moyen mais la fin : dont l'échange est le sens même. Ce code est éminemment historique, issu d'un transcodage constamment

---

[8]Marshall Mac Luhan : *Pour comprendre les médias*, éditions du seuil, cité in *Art, réseaux, media*, éditions de l'Ensba, Paris, p.185.
[9]Edmond Couchot, in *Art, réseaux, media*, op. cit., p.192.
[10]Ibidem, p.196.

reproblématisé par ceux qui cherchent à se représenter leur histoire. C'est ce que j'ai appelé plus haut la fiction ou le récit.

Stricto sensu, le cyberart est par définition introuvable. Même Stelarc, cet artiste qui a mis au point un procédé de téléchargement de son corps de telle sorte que des internautes connectés à des sites ad hoc puissent en actionner directement les muscles, échappe à sa définition : les influx nerveux émis par les mouvements involontaires de ses membres n'envoient en effet encore aucune réponse numérisée aux messages de ses regardeurs/tortionnaires de sorte qu'on se trouve là entre Fourier, Jarry et Kafka, dans une représentation typiquement moderne du corps-machine.

♦ Exposer/Traduire

Dans le régime de la valeur qui est idéalement projeté par les systèmes d'information en réseaux, ce que Marx appelle la forme de la valeur à savoir l'équivalent abstrait entre deux marchandises disparaîtrait purement et simplement. Il n'y aurait plus d'équivalent abstrait parce qu'il n'y aurait plus que des medias, eux-mêmes équivalents, et reliés par un principe de commutativité interne. Cette omniréalité n'est encore qu'un idéal. En revanche, les nouvelles technologies de l'information, pour autant qu'elles entrent dans la composition de la structure productive possèdent un certain pouvoir de désintrication et des modes de production et des codes qui leur correspondent.

Pour rester sur le terrain de l'art, il est facile d'observer aujourd'hui le processus largement avancé de démédiatisation de la forme-art. Déformalisation, abandon des mediums artistiques traditionnels, contamination réciproque de l'art, de l'institution et de la communication, et simultanément célébration et patrimonialisation du passé : l'intégration du cyberparadigme a manifestement le pouvoir de suspendre cette interlocution des œuvres qui est constitutive de la forme-art. A moins que ce ne soit sa non-intégration, ou plus exactement son intégration sous la forme de cette présence « parasite » – autre terme qu'affectionnent les cybernautes – qu'elle revendique et le pouvoir qu'elle lui confère de troubler le mouvement de la transmission des contenus historiques. Faute d'être un code, le cybermedium ne saurait de fait entrer dans aucune procèdure de transcodage. L'anti-code informe, mais il ne traduit pas et il est par conséquent strictement intraductible. A défaut de traduire cependant, il synthétise, il discourt et chacun peut voir désormais l'idéologie artistique inspirée du cyberdiscours interactif s'élever toute nue (si je puis dire) ou toute crue au-dessus de pratiques désintégrées et de plus en plus solitaires. L'exposition au sens premier du terme n'a donc plus véritablement lieu. Ou encore, comme le notait récemment avec jubilation Paul Devautour : « Fin de l'exposition, début des conversations »[11].

Dans ce contexte d'implosion de la forme-art, que peut l'exposition à la puissance deux, l'exposition réelle ? Y-a-til encore un sens à vouloir reconstituer les conditions de ce qui permet aux objets et à travers eux aux sujets de se parler ? Rien n'est moins sûr. Mais si par atavisme, par fidélité,ou encore tout simplement par goût, l'on continue de réfléchir dans la tradition critique que j'ai évoquée à travers quelques noms propres et de s'interroger par exemple sur les moyens qu'a l'exposition réelle pour remédiatiser ce qui se fantasme comme commutation, comme immédiation, il faut évidemment se demander ce qu'il en est de la médiation au sein de la communication. Sur ce qui fait la non-commutativité dans la communication. Or pour le dire d'une phrase : communiquer c'est toujours produire de l'image à partir du discours ou inversement. Ce qui fait la médiation dans la communication, c'est la coprésence et la concurrence dans l'action de communiquer de deux opérateurs dissymétriques : le discours et l'image. Non pas le verbal et le visuel (parfaitement numérisables l'un et l'autre et donc parfaitement transitifs l'un à l'autre) mais bien le discours, support de l'instantanéité du sens, et l'image, support de la temporalité de ces processus de

[11]Titre d'un article paru in *L'art contemporain et son exposition* t. 1 (éd. Elisabeth Caillet et Catherine Perret), éditions L'Harmattan, Paris, 2002.

subjectivation qui font que le sens tout contemporain qu'il soit échappe toujours, et ne se donne qu'à contretemps : trop tôt ou trop tard. Comment faire entendre ce contretemps du sens lorsqu'il nous arrive collectivement sous les espèces d'une image ? Comment rendre « sentimentalement » cette image, pour reprendre l'expression de Mauss, sans pour autant la rendre crédible ? C'est peut-être ce qui se cherche malgré tout aujourd'hui à travers le développement étonnant du phénomène de l'exposition et surtout du « discours » de l'exposition.

L'ART ET SON CONTEXTE
OU
LA QUESTION DU CULTUREL

Jean-Marc Poinsot

En 1991, suite à une sollicitation, Seth Siegelaub conçut un projet de manifestation sur l'art conceptuel et son devenir entre les années soixante et les années quatre-vingt-dix. Cet ancien galeriste et commissaire indépendant et atypique avait cessé depuis longtemps son activité au sein du milieu de l'art quand il fut sollicité pour réaliser ce qui initialement devait se composer de trois parties : une documentation sur les œuvres faites par des artistes de la fin des années soixante, une publication de l'opinion de ces artistes sur la période 1960-1990 et enfin une exposition des travaux des mêmes artistes produit dans les années quatre-vingt-dix. Ce projet, intitulé « The Context of Art/ The Art of Context. Artists on Art, the Art World & Life since 1969 », fut publié avec les réponses des artistes dans *Kunst & Museumjournaal* en 1996. Vue au travers de la mémoire d'un éditeur d'ouvrages sur la communication, activité actuelle de Siegelaub, la traversée de ce long espace de temps ressemblait à une sorte de fiction où le micro-milieu de l'art contemporain « se trouvait progressivement intégré dans les valeurs, pratiques et aspirations dominantes d'une vie sociale (capitaliste) ». Il projetait d'un seul coup le regard d'un Rip van Winckle débarquant après un sommeil de trente ans dans une société inconnue, essayant de comparer le souvenir de prises de position radicales et anti-institutionnelles avec le monde actuel où l'artiste semblerait devenu un rouage de l'industrie culturelle.

Je ne cite pas ce projet pour évoquer une nouvelle non-exposition de Seth Siegelaub, mais plus simplement pour lui emprunter sa machine à circuler dans le temps et comparer quelques expositions dans un va et vient entre le début de l'après-guerre et la fin du XXe siècle. Je commencerai par la dernière édition de la *Documenta*. Dans les premiers mots de sa préface, Okwui Enwezor écrit ceci : « Près de 50 ans après sa création, la Documenta se trouve confrontée une nouvelle fois au spectre d'une autre époque turbulente de frictions, de transitions, de transformations, de fissures culturelles, sociales et politiques incessantes et de consolidations institutionnelles globales. Si nous prenons en compte ces événements dans toute leur signification historique, de même que les forces qui aujourd'hui remodèlent les valeurs et les représentations de notre monde, les perspectives de l'art contemporain et ses positions dans la production et l'explication des modèles critiques d'interprétation des caractéristiques de l'imaginaire contemporain ne peuvent pas être plus exigeantes et décourageantes à la fois. »[1]

Sans commenter la rhétorique de l'auteur, il apparaît très vite que son point de vue accentue la perception de ruptures que le visiteur occidental avait perdues de vue tant depuis l'émergence du postmodernisme la dynamique historique s'est délitée comme schéma de lecture des événements du quotidien ou de l'art. C'est ce même sens de rupture qui indubitablement a guidé le responsable de la Documenta dans la distribution des œuvres, objets, films etc. dans l'exposition. En effet, face aux traces ou conséquences cumulées ou juxtaposées de ces glissements et frictions, le visiteur est d'autant plus saisi par un grand dépaysement que, dans son approche du caractère démocratique de l'exposition, Okwui Enwezor insiste sur un propos plus culturel qu'esthétique et ne propose pas de modèle homogène d'intégration de productions différentes dans leurs médias, leurs propos, et leurs contextes de production. Entre les films d'Igloolik Isuma Productions de et sur les Inuit, et la vidéo *Personal Cuts* (1982) de Sanja Ivekovic, par exemple, il y a toute la différence entre une production identitaire récusant le regard de l'anthropologue et une production proprement artistique opposant par montage les images d'un système totalitaire et une performance symbolisant la construction morcelée et parcellaire du sujet. L'opposition est simple, forte, dialectique dans un travail artistique critique opérant le deuil nécessaire à la sortie d'un encadrement des consciences quand la série de films sur les inuits, sa force de témoignage et sa complicité avec son objet n'a a priori rien à voir avec le marché et le circuit de

---

[1]Okwui Enwezor « Preface », in *Documenta11_Platform 5 : Exhibition. Catalogue,* Ostfildern-Ruit : Hatje Cantz 2002, p.40.

l'art contemporain. Ce voisinage nous plonge dans la différence culturelle et dans son irréductibilité, il ne nous confronte pas de façon anecdotique et pseudo-anthropologique à une discontinuité d'univers évoquée par autant d'objets ou images considérés comme tous éligibles au statut d'œuvre d'art. Il ne s'agit pas d'un « partage d'exotisme », mais d'une expérience concrète de différences culturelles que la globalisation assimile dans son grand marché.

Les deux dernières Documenta ont intégré des programmations complémentaires utilisant l'espace global des médias (TV, radio, internet, cinéma) et sa capacité à poser là simultanément autant de produits et de réalités antérieurement irréductibles et non comparables. Mais, là où Enwezor exploite les différences de statut entre objets culturels de natures différentes, Catherine David a retenu principalement des productions éligibles au marché de l'art et à son histoire, même si leur fonctionnement et leur mise en scène étaient censés être critiques. Son exposition réunissait des individualités fortes et elle-même dans un des catalogues était représentée par une photo sophistiquée ne montrant que ses mains et ses yeux (image dans l'image)[2]. Sa vision politique et son ouverture au monde se manifestaient à partir d'une pratique interne à l'art, à un art de créateurs identifiés. La manière dont elle présentait son catalogue était assez significatif d'un discret dispositif de ségrégation et de dissociation : « Pour compléter l'exposition dans la cité, écrivait-elle, nous avons publié un livre qui situe les productions artistiques de 1945 à aujourd'hui dans leur contexte politique, économique et culturel d'apparition et à la lumière des multiples déplacements et redéfinition qui sont maintenant devenus manifestes avec le processus de globalisation. »[3] et il faudrait y ajouter la programmation des interventions de personnalités diverses, historiens, philosophes, scientifiques durant les cent jours de l'exposition.

---

[2]*Documenta X Kurzführer*, Ostfildern-Ruit : Cantz, 1997, p.6.
[3]Ibidem, p.12.

Dans l'analyse des événements comme dans le traitement des composantes de sa manifestation Catherine David a dissocié clairement l'art et son contexte, malgré tous les déplacements de limites au sein des pratiques artistiques. Elle a thématisé et rendu compte de ces extensions et redéfinitions de l'art, tel l'exemple évident et plutôt bien traité de la photographie documentaire, mais elle n'a fait en cela que suivre le mouvement général des critiques et historiens de la photographie. Les photographes retenus par Okwui Enwezor dans sa Documenta ont quant à eux un plus long chemin à parcourir pour se trouver au centre des valeurs esthétiques contemporaines.

S'opposent ainsi deux points de vue. Dans son passage de 1945 à 1997 Catherine David a constaté des changements et des évolutions importants, considérant que si l'art et le monde ont changé, ils se font toujours face. Enwezor pour sa part s'intéresse plus au système qui met face à face l'expression des altérités qu'à la confrontation de l'art à un monde changeant quitte à ce que la dimension proprement artistique apparaisse comme relativement secondaire. A ce titre d'ailleurs, il a revendiqué l'effacement du commissaire et de ses collaborateurs et a invité un nombre significatif de collectifs.

Si Seth Siegelaub, Catherine David et Okwui Enwezor s'accordent sur la constatation de changements majeurs depuis la fin de la seconde guerre mondiale, ils ne les mesurent pas tous à la même aune. Le premier a perçu une institutionnalisation de l'art contemporain et l'érosion de sa valeur critique, la seconde croit que face au triomphe du capitalisme mondial, l'art reste une valeur critique et elle s'attache à s'en faire l'écho, quand le dernier voit dans la décolonialisation l'abrogation de toute notion de l'autonomie de l'art : « Pour comprendre ce qui constitue l'avant-garde aujourd'hui, écrit-il, on doit commencer non par le champ de l'art contemporain, mais par celui de la culture et de la politique, comme par celui de l'économie qui gouverne toutes les relations qui se sont mises en place sous l'hégémonie envahissante du capital. »[4]

N'aurait-il pas fallu commencer par là pour répondre aux questions simples de ce colloque : quoi exposer, où exposer, comment exposer ?

Cela a-t-il un sens de revenir à l'époque coloniale avec Walter Benjamin ? Oui, certainement car à cette même période l'exposition façonnait les valeurs comme aujourd'hui. Il écrivait dans *Paris, capitale du XIXe siècle* : « Les expositions universelles transfigurent la valeur d'échange des marchandises. Elles créent un cadre où la valeur d'usage passe au second plan. Elles inaugurent une fantasmagorie à laquelle l'homme se livre pour se laisser distraire. »[5] Il dénonçait ainsi une opération qui fut le propre et de tout temps la raison d'être des expositions : extraire les objets, et notamment les œuvres d'art de leur position ou circulation initiale pour leur donner du fait même de leur déplacement et de leur regroupement sous les yeux d'un public naissant un sens, une valeur autre. La banalisation de l'exposition ne l'a pas privée de sa principale qualité. Duchamp n'est pas le seul avec ses ready-made à en avoir éprouvé la possibilité, et la voie qu'il a ouverte est loin d'être unique. L'exposition permet de présenter n'importe quel objet, y compris les objets et le travail littéraires comme Paul Valéry et Julien Cain l'ont éprouvé à l'exposition de 1937, des idées et pas seulement celles des artistes conceptuels ou des immatériaux comme l'a montré Jean-François Lyotard en 1985, sans oublier la vidéo et le cinéma si présents dans les expositions actuelles. Les objets d'art ont gagné leur autonomie à se montrer ainsi aux yeux du public, c'est d'ailleurs cette autonomie qui a autorisé Duchamp à la tester et à faire la preuve que le choix d'objets non artistiques ne la mettait pas en péril. Les convictions sur

---

[4]Okwui Enwezor «The Black Box», in *Documenta11_Platform* 5 : *Exhibition. Catalogue,* Ostfildern-Ruit : Hatje Cantz 2002, p.45.

[5]Walter Benjamin, *Essais 2, 1935-1940,* Paris : Denoël/Gonthier, 1983, p.44

la valeur de l'œuvre d'art et l'efficacité de l'exposition sont telles que l'on oublia le plus souvent que les objets choisis pouvaient parler d'eux-mêmes et de la société qui les produisait, c'est-à-dire de culture.

On considère trop souvent que cette autonomie de l'art s'est imposée d'elle-même ou que son histoire est antérieure à la modernité, mais l'existence à Paris, entre 1953 et 1985, d'une programmation d'art contemporain dans un musée des arts décoratifs, qui fut au moins jusqu'à la fin des années soixante la seule ouverte à l'art vivant, nécessite d'être considérée. François Mathey[6] exposa de l'art contemporain avec une attention particulière à la commande, au décor ou à la destination sociale, il exposa aussi à côté ou après les papiers collés de Matisse, et les peintures de Dubuffet, des jouets, des films et leurs décors (Mélies), des objets de design, des bandes dessinées, de la science-fiction et des machines célibataires[7]. C'est aussi dans sa salle de cinéma que Buren, Mosset, Parmentier et Toroni donnèrent à voir leurs tableaux que le public vit sans les regarder. Si j'évoque cette programmation, c'est qu'elle a témoigné à travers toutes ses ambiguïtés et ses confrontations du fait que l'autonomie de l'art moderniste prônée à la même période à New York et exacerbée avec la multiplication dès le début des années soixante en Amérique du Nord de musées d'art contemporain n'était peut-être pas un modèle aussi exclusif et dominant. On pourrait gloser sur le caractère provincial de Paris à cette période, mais on aurait tort d'oublier que Dubuffet y exposa son art brut et qu'il donna une centaine de toiles au musée. Le musée des arts décoratifs à Paris autour de 1960 était le seul en France qui pouvait questionner les confrontations de l'art contemporain ou passé et des cultures visuelles, commerciales ou marginales, pathologiques ou enfantines, industrielles ou artisanales, occidentales ou non. Si ce musée ne fut pas le seul à tester les frontières de l'art et des autres formes de culture populaires ou élitistes, il reste celui qui fut le plus incontrôlable. François Mathey n'était pas un théoricien, et

[6]Voir François Mathey, *Ecrits*, Paris : RMN, 1993.
[7]En accueillant une exposition de Harald Szeemann.

il n'avait pas une vision politique de la culture, mais il fut l'une de ces rares figures qui produisirent en Europe autour de 1960 ces interrogations sur les relations de l'art et de la culture. L'ICA à Londres, la Whitechapel, le Stedelijk Museum d'Amsterdam ou plus encore celui d'Eindhoven sous la direction de Jan Leering[8] développèrent d'autres analyses et expériences.

Tous ces lieux ont anticipé la place que l'art contemporain devait prendre dans nos sociétés aujourd'hui et ils étaient particulièrement concernés par les relations et les liens de l'art, de la culture, des artistes, du public et des autorités publiques. Jan Leering développa en parallèle réflexion théorique, acquisitions et expositions. Il s'interrogeait sur les fonctions du musée comme lieu d'art contemporain, lieu éducatif, lieu de formulation des fonctions sociales de l'art et comme composante de l'économie de l'art. Il voulait redonner à l'art un rôle social primordial comme au Moyen Age et développa des expositions thématiques sur la base de données socioculturelles comme « la rue » en 1972 dont l'objectif affiché était de toucher un nouveau public. Son attention portée à l'œuvre d'artistes comme Lissitzky, Van Doesburg ou Moholy-Nagy contribua à donner une base historique dans la collection aux propos qu'il développait dans les expositions. Il reconstitua pour les besoins de ses expositions le *Monument à la IIIe internationale* de Tatline ou la salle *Proun* de Lissitzky, la place qu'il fit à l'architecture : *Scharoun* (1968), *Bouwen voor de industrie* (1968, avec deux cents photos de Bernd et Hilla Becher), *Gaudi* (1971) ouvrirent la voie que suivit Szeemann notamment avec *Le désir de l'œuvre d'art totale,* 1983, beaucoup plus tard, exposition dans laquelle on retrouvait des artistes exposés à Eindhoven.

Leering était averti du danger qu'il y avait à s'engager sur le terrain politique comme propos de certaines

[8]Voir Carel Blotkamp, Marjon van Caspel, Frans Haks et al., *Museum in Motion, Het museum voor moderne kunst ter diskussie*, 's-Gravenhage, Staatsuitgeverij, 1979.

expositions, mais il considérait que ce risque devait être couru, alors que son successeur Rudi Fuchs recentra l'activité d'exposition sur les seuls artistes contemporains à l'exclusion de toute exposition thématique.

Jan Leering a joué un rôle d'autant plus important qu'il a contribué à reconsidérer la fonction sociale de l'art par ses acquisitions, ses reconstitutions, ses expositions, ses choix esthétiques et ses textes théoriques à un moment où commençaient à se développer fortement en Europe les institutions consacrées à l'art contemporain. Il a reconsidéré la commande sociale de l'art au début du siècle quand son homologue français François Mathey avait par exemple été à l'origine de la commande de la chapelle de Ronchamp à Le Corbusier 1950-55. Leurs exemples mettent assez clairement en évidence que la question de l'autonomie de l'art n'était pas unanimement acquise et que le dogmatisme greenbergien et la radicalisation par William Rubin du modernisme de Barr ne sauraient résumer à eux seuls les étapes précédant les reconsidérations liées aux conséquences de la globalisation comme a pu être tenté de le faire Thomas Mc Evilley dans ses réflexions autour du primitivisme, du post-modernisme et de l'exposition.

Dans sa critique de *Primitivism* (1984), l'exposition organisée par William Rubin au Moma, McEvilley[9] insistait sur le refus de dater les objets tribaux et en l'occurrence sur l'effet de décontextualisation qui s'ensuivait. L'exposition en fait détache et intègre les objets qu'elle montre, les effets qu'elle produit sont la conséquence des intentions de ses auteurs. La problématisation du culturel est aujourd'hui le véritable changement de contexte, car il marque les transformations profondes que Catherine David et Okwui Enwezor avaient vu s'engager dans l'immédiat après-guerre. Ces transformations étaient difficilement compréhensibles par certains comme T.S. Eliot, l'auteur qui a si souvent inspiré Rudi Fuchs. T.S.Eliot écrivait dans *Notes Towards the Definition of Culture* en 1948 : « Nous pouvons affirmer

[9]Voir Thomas McEvilley, *L'identité culturelle en crise. Art et différences à l'époque postmoderne et coloniale*, traduit de l'anglais par Yves Michaud, Nimes : Jacqueline Chambon, 1992.

avec quelque certitude que notre période est une période de déclin ; que le niveau de culture est plus bas qu'il n'était il y a cinquante ans ; et que les évidences de ce déclin sont visibles dans chaque domaine de l'activité humaine. »[10]

Le présupposé de classe qui sous-tend le jugement d'Eliot a été très largement invalidé par les stratégies de la globalisation qui ont substitué aux classes sociales, des classes d'âge, des classes de « minorités » beaucoup plus repérables en termes de consommation. Il n'est pas du tout évident que l'art malgré ses capacités critiques a été à même d'anticiper cette évolution. Cela ne signifie pas pour autant qu'elle n'est pas sans effet sur la construction des modèles culturels à l'œuvre dans la production artistique et dans celle des expositions. Je vois dans des expositions aussi différentes que *Présumés innocents* présentée à Bordeaux sur le thème de la culture adolescente, que *Every day*, thème de la 11e biennale de Sidney (1998) ou encore dans *Partage d'exotismes* (Lyon, 2000) et son organisation selon un schéma anthropologique élémentaire autant de fragmentations, de découpages consuméristes et néanmoins globaux de notre expérience du quotidien. Artistes et commissaires partagent la responsabilité de ces alignements ou assimilations, mais une vraie problématique culturelle est ailleurs et elle est probablement moins un contexte qu'une revendication d'une autre existence, d'un autre type d'identité.

---

[10]T.S. Eliot, *Notes towards the Definition of Culture*, Londres : Faber & Faber, 1962, p.19

L'ART DE L'EXPOSITION ET L'ART EXPOSE

Thierry Raspail

C'est au titre de responsable d'un établissement dont l'activité se mesure principalement à l'aune de *l'exposition* que j'ai été invité à cette table ronde. C'est donc à ce titre que j'emprunterais les voies du pragmatisme, me gardant d'intervenir sur le terrain de la théorie suffisamment encombré ces dernières années.

Je partirais d'un double constat :

un : Il y a *l'art de l'exposition* ET *l'art exposé,*

deux : Il y a trop d'objets dans les musées.

♦ Un

Au-delà de la formule, je voudrais insister sur le fait que ces deux univers se recoupent mais ne se recouvrent pas : je place *l'art de l'exposition* du côté de l'éphémère. Je place *l'art exposé* dans la durée.

En effet, c'est au nom d'un principe de réalité bien connu que *l'exposé* fait l'art : il se résume à la capacité de l'œuvre à résister puis à s'éterniser sur la cimaise. Hors de la cimaise, pas de salut ; non exposé l'art n'existe pas.

Pourtant, *l'art* éphémère *de l'exposition* me semble aujourd'hui avoir acquis une importance bien plus grande que *l'art exposé,* et ce pour d'évidentes raisons : *l'art de l'exposition* dote l'art d'un *quota d'actualité* (j'emprunte la formule à Marcel Duchamp) et lui promet la UNE (j'emprunte ici la formule à Aznavour : « Je me voyais déjà en haut de l'affiche »). *L'art de l'exposition* produit de *l'autorité* (grand nombre de citations dans les médias, présence discontinue mais fortement cadencée sur le terrain – Cadance Man ! –), et comme on le sait , immerge le commissaire et l'artiste dans un marché symbolique et financier.

L'art de l'exposition contribue par conséquent à la *perpétuation* de l'activité. En effet il produit de la présence et conduit à l'accroissement des recettes (de billetterie et sponsoring) et à la reconduction, voire à l'élargissement des budgets. C'est ainsi qu'il rend plus visible encore la visibilité de l'exposition (et il est heureux que l'exposition d'art visuel soit visible).

Pour ces trois raisons *l'art de l'exposition* est LE phénomène important. Il est d'autant plus important aujourd'hui qu'il me semble le seul à pouvoir contribuer à la normalisation des arts visuels.

Et je pense qu'il est grand temps pour chacun d'entre nous, à la hauteur de chacune de nos responsabilités, de contribuer enfin à cette *normalisation*. Je voudrais rappeler qu'à l'exception de quelques lieux, institutions lourdes et dispersées (4 ou 5 en Europe pas plus) qui génèrent leurs propres flux, *l'art exposé* est majoritairement reçu sur l'ensemble du territoire (j'entends ici le territoire français) comme un produit *contre*. Il apparaît (hors de nos territoires spécialisés) non seulement *exceptionnel* mais *contre,* habillé la plupart du temps des oripeaux du *savant,* du *réservé,* de la secte, bref, *contre* la loi du plus grand nombre. Mes propos doivent être certes nuancés : il y a bien sûr le travail des Frac/Mac/Drac/Fnac et autres Dap et centres d'arts depuis quelques 20 ans. Ce fut une évolution considérable certes, mais parfaitement insuffisante, car tous ces « AC » se sont placés sur le registre de la *différence* et l'ont cultivée à l'extrême au nom d'une pensée et d'une histoire qu'ils croyaient légitimes, linéaires et définitives. Peut-être n'y avait-il pas d'alternative à cela, pas d'autre croyance disponible.

Aujourd'hui, il est temps d'opérer une « révolution culturelle », de basculer du *contre* au *pour,* et d'intégrer l'art à la société des loisirs.

C'est pourquoi, je voudrais en tirer les conséquences et affirmer que TOUTE exposition me paraît par définition non seulement *absolument* et *a priori* nécessaire mais naturellement excellente quelles que soient les œuvres, les formes et les anti-formes, les idées ou les absences d'idées qu'elles produisent ou qui les constituent. D'évidence, l'exposition est bien plus importante que ce qu'on y expose.

Il y a beaucoup d'expositions, mais il en faudrait plus encore. J'adopte une position de principe pariant sur le fait que dans la durée le bruit et la rumeur de cet *art de l'exposition* conduiront, sans trop tarder, aux lendemains qui chantent de *l'art exposé.* En effet, le bruit de l'exposition est aujourd'hui aussi intense qu'est assourdissant le silence de *l'art exposé.* Notre objectif majeur devrait être, me semble-t-il pour nous professionnels de l'exposition d'encourager ce bruit et ce silence simultanément : le bruit de *l'exposition* pour la normalisation et le silence de *l'exposé* pour l'amour de *l'art,* simplement (J. Cage : *4'33"*).

Car enfin, *l'art exposé* devrait être ce qui nous occupe prioritairement, puisque c'est bien *l'art exposé* qui produit *du* sens (et non *un* sens) échappe aux « thématiques »,aux isotopies et peut être relié à autre chose qu'à une « biographie » ou à une « actualité ». L'art de l'exposition est dans un présent perpétuel, *l'exposé* apparaît quand l'actualité disparaît. Quelle forme pourrait emprunter *l'art exposé* au-delà ou en-deçà de *l'art de l'exposition* ? ou comment réinscrire *l'exposé* dans *l'exposition* ?

Une forme que nous pratiquons quotidiennement appartient à chacun de ces deux mondes (*l'art de l'exposition* et *l'art exposé).* C'est *« l'exposition monographique de l'artiste conçue par l'artiste lui-même ».* Elle s'est considérablement développée en France depuis 20 ans. Elle se nomme aussi « production ». Elle occupe 95 % de notre activité. Les exemples sont innombrables : Je choisis le « cas » d'Olivier Mosset à Lyon en 87 (je cite Olivier parce qu'il m'a précédé à ce micro), qui souhaitait alors réaliser une exposition entièrement et uniquement consacrée à des œuvres peintes de deux couleurs superposées. Les œuvres sont conçues, peintes par l'artiste, le projet lui appartient. Le « commissaire » offre le gîte et le couvert, rien de plus. Or, beaucoup des expos sont ainsi ; je pourrais citer : Gonzales-Foerster à Dijon et Paris, Parreno à Paris ou Sarkis ou Cai Guo-Qiang à Lyon, pour prendre des exemples récents et locaux.

Notre contribution de « conservateur » au genre « monographique conçu par l'artiste », formule mixte entre *l'art exposé* et *l'art de l'exposition* est limitée, en tout cas pour l'aspect de l'activité dite « scientifique », terme dont s'enorgueillit dans la profession. C'est peut-être pour cela qu'on l'affuble désormais du très élégant bien que maladif, terme de curateur. Notre « professionnalisme » de curateur donc, s'exerce en effet uniquement du côté de la *production* de l'œuvre ou de la *régie* des matériaux, c'est-à-dire du côté de la recherche de FRIC (c'est largement impératif) ou de l'étude technique. Cette dernière se divise à son tour en de multiples cheminements qui vont de la recherche de micro-processeur, s'il s'agit de produire une œuvre ou un ensemble de Dumb Type (par exemple) ou de vis parker s'il s'agit d'une ou plusieurs pièces d'Imi Knoebel (par exemple). Un autre aspect de notre contribution à ce « genre » se trouve être celui de la *complicité* avec l'artiste, terme qu'il conviendrait d'étayer sur le plan juridique.

Cette *« exposition/exposé »* crée un ensemble clos. Pour ma part, c'est à partir de cet ensemble clos, qui me paraît constitutif du sens, disons : « moléculaire » de l'œuvre d'art, que j'ai constitué dès l'origine les bases de la Collection du Musée de Lyon, qualifiant ces ensembles clos *d'œuvres génériques.*

C'est ainsi que toute l'exposition de John Baldessari, organisée par le Magasin en son temps (1986), en co-production avec le Musée de Lyon, a été conservée, tout comme nous avons gardé l'intégralité de l'exposition de Joseph Kosuth en 1985, ou les œuvres génériques de Filliou : *La Recherche sur l'origine*, (trop grande pour Beaubourg) ou le *PoïPoïdrome*, ici jadis exposé ou encore *Le Double Diamant* de Robert Irwin en complicité avec le FNAC, etc. *« L'œuvre générique »* est aujourd'hui me semble t-il la seule alternative possible à la *« collection générique »* d'une part, et à la dictature de l'exposition-pour-la-normalisation de l'autre. Voilà pour moi une première définition de *l'art exposé.*

♦ Deux

Il y a trop d'objets dans les musées.

Je voudrais citer tout de suite deux artistes, tous deux décédés aujourd'hui, hélas.

Le premier est Douglas Huebler : « le monde est plein d'objets plus ou moins intéressants, je ne souhaite pas en rajouter » ; le second est Marcel Proust : « les musées sont des maisons qui abritent uniquement des pensées ». Il y a trop d'objets dans les musées car il n'y a qu'un seul modèle de collection, c'est-à-dire qu'un seul modèle *d'art exposé* : celui de la *« collection générique ».* Le principe de *collection générique* est encore alourdi aujourd'hui par la planétarisation esthétique et le « politically correct ». Mais ce modèle reste cependant le seul fondé en périodicité, en chronologie et en géographie. Et s'il en est encore ainsi c'est que l'histoire (et sa forme mnémotechnique : la chronologie) exerce toujours une autorité absolue sur le système de *l'art exposé,* qui n'a su définir ni méthode, ni champ de compétences spécifiques. Il faut s'en défaire !

Il y a deux variantes que l'on connaît bien et qui échappent en partie à la *« collection générique »* : La première est *l'association par contiguïté*, qui produit un sens neuf, inhérent à la *présence* des œuvres. Ce modèle présage l'avenir. Nous en avons vu un exemple ici-même récemment, c'est l'exposition des collections du Consortium au MNAM (modèle exemplaire au sens où la contiguïté n'est pas formaliste). La seconde est le *modèle scientifique* cher à Yves-Alain Bois, qui dégage un sens contenu par *rapprochement.* Le modèle révèle alors le passé. « L'informe, mode d'emploi » en est un exemple manifeste. Mais cet exemple est difficilement applicable au principe de collection, car il suppose que toutes les œuvres propices à la démonstration y figurent, ce qui est hélas parfaitement impossible.

Je pense que *l'œuvre générique* devrait trouver sa place en tant qu'*art exposé* entre ces deux variantes. Elle a deux qualités au moins :

- *l'œuvre générique* échappe au syndrome du triptyque : le démembrement (le triptyque que l'on reconstitue pour deux mois, deux siècles après sa création dans *l'exposition*, mais qui perdure pour l'éternité dans le *livre* d'histoire).
- *L'œuvre générique* de par son ampleur et sa clôture est peu sensible aux variations créées par les associations et résiste par conséquent aux inévitables machinations de l'exposition.

J'appliquerai ma conception de l'art exposé à travers l'œuvre-générique en empruntant trois exemples choisis dans l'histoire courte du Musée d'Art Contemporain de Lyon.

<u>Premier exemple</u> : George Brecht, rétrospective des « Chair Event » en 1986 ; George pour des raisons à la fois Fluxus et économiques (manque d'intérêt pour la sacralisation et nécessité d'économiser le coût des transports depuis la côte ouest des Etats-Unis) me propose de reconstruire les œuvres à l'identique, qu'elles appartiennent ou non à des collections privées ou publiques. Un grand nombre de pièces sont ainsi reconstruites puis agréées par l'artiste pour être exposées. A l'issue de l'exposition, George Brecht décide de conserver ce témoignage, cède les pièces au Musée « pour usage » sans autres commentaires.

Pour cette raison, nous disposons du plus grand nombre d'œuvres de Brecht , agréées par l'artiste, signées de deux dates, (1960-1986). Cette œuvre générique court sur plus de 10 ans et suit plusieurs géographies ; elle est unique. Mais s'agit-il d'usufruit, d'usage, de droit à l'image, de réplique éducative, de théorie informationnelle, d'œuvres Fluxus, de témoignage de confiance à l'égard de l'institution ou de l'équipe ou d'œuvres d'art tout court ?

Dans ce cas *l'art exposé* tient sa cohérence d'une complicité avec l'artiste. Mais celle-ci n'est possible à travers cet exemple que pour deux seules raisons : le caractère Fluxus de l'art de George Brecht, le vide juridique.

Deuxième exemple : Robert Morris. Déçu par la version française de la rétrospective du Guggenheim, je conviais Robert Morris pour neuf mois, à raison de trois mois par an pendant trois ans, à concevoir un *Ensemble exposé* s'articulant sur les problématiques du corps, de l'espace et de la mémoire (je résume pour faire bref) tels qu'ils les avaient déclinées et qui apparaissent très peu dans les deux expositions précédentes de New York et Paris.

Des œuvres ont été reconstruites, d'autres produites. Aujourd'hui, le Musée de Lyon dispose de 3 600 m^2 d'œuvres de Robert Morris qui ont rejoint sa Collection. Cette seule surface excède la superficie totale du Musée. Dans ce cas, l'œuvre *exposée* occupant l'intégralité du terrain disponible devient un monde clos. Cette complicité avec l'artiste ne nous conduit-elle pas à repenser la compétence « expositionnelle » du Musée ?, son taux d'encombrement, son degré d'inertie, son articulation à l'histoire, son auto-désignation ?...

Troisième exemple : il s'agit de l'association de trois œuvres actuellement présentées dans le nouvel « accrochage » de la collection : *Passageway* 1961, *Etant donnés* 1991, *Ambiente spaziale* 1967. La première est créée par Bob Morris chez Yoko Ono. Nous l'avons reconstruite avec l'artiste en 1998. La seconde est créée par Baquié pour la première Biennale de Lyon en 1991 ; elle est la réplique dévoilée de l'œuvre de Marcel Duchamp découverte après sa mort en 1968. La troisième créée par Lucio Fontana est le seul « exemple original » (le seul de sa main) parmi les trois « cabanes » connues de Lucio, aujourd'hui exposées. Ensemble ces trois œuvres construisent une théorie du regard et de l'espace de *l'exposition exposée* qui est unique. Cet *art exposé* concerne l'exposition de *l'art exposé.*

Créées chacune dans un contexte distinct, ces trois œuvres sont reliées bien après leur création par les lois de la collection, et associées pour tenir le discours de *l'art exposé*. Ce discours est *l'œuvre* du critique ou de l'historien qui en assure la *mise en mot.* Pour cela il *met en espace* les œuvres, c'est-à-dire qu'il *met en ordre,* dans un certain ordre, pour étayer l'histoire qu'il met en mots. Les œuvres sont un pré-texte, *l'art exposé* est un texte.

Ces trois exemples me conduisent à penser que :

L'art exposé est vrai même s'il est faux.

L'art exposé défait l'exposition ou la « tautologise ».

L'art exposé est un discours de l'art fait par « d'autres » que l'art.

Cela mérite sans doute une autre table ronde !

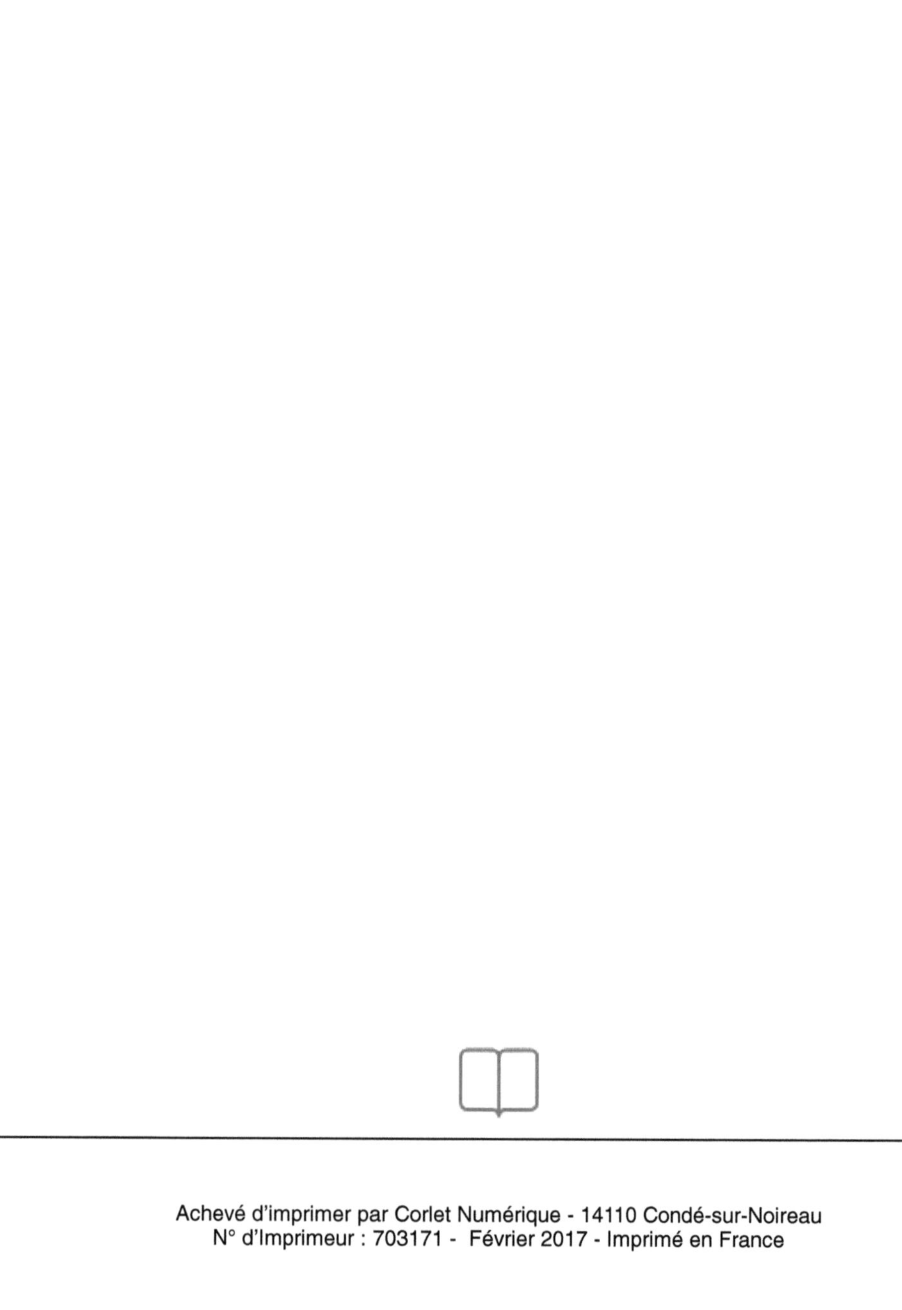

Achevé d'imprimer par Corlet Numérique - 14110 Condé-sur-Noireau
N° d'Imprimeur : 703171 - Février 2017 - Imprimé en France